Le anime del Purgatorio

Il meraviglioso segreto delle Anime del Purgatorio

secondo santa Caterina da Genova
e secondo la Chiesa

collaborato:

Santa Caterina da Genova e altri santi
Padre Silvano Bracci OFM
e un sacerdote della Chiesa Cattolica

ISBN 978-88-86616-13-3
2.11.2002 Commemorazione dei fedeli defunti
Per ordinare questo libro citare il codice 8110

TOTUS TUUS

Per gli ordini rivolgersi alla:

Editrice Shalom
Via San Giuseppe, 57
60020 Camerata Picena (An)

Tel. 071. 74 50 440 r.a.
dal lunedì al venerdì
dalle 9.00 alle 19.00

Numero Verde
800 03 04 05

Fax 071. 74 50 140
sempre attivo in qualsiasi ora
del giorno e della notte.

e-mail: ordina@editriceshalom.it
http:// www.editriceshalom.it

Indice

Santa Caterina da Genova

Il Trattato del Purgatorio

Santa Caterina da Genova

"Contemplativa della strada"

La celebrazione della Festa di santa Caterina Fieschi Adorno, festa propria della nostra Chiesa di Genova, ci invita a riscoprire la "figura spirituale" di questa eccezionale donna genovese. Ci aiuta in questa riscoperta la Parola di Dio, in particolare la pagina evangelica che è stata or ora proclamata.

Se il dottore della legge dovesse rivolgere la sua domanda, non più a Gesù: "Maestro, qual è il più grande comandamento della legge?", ma a Caterina Fieschi Adorno, penso che riceverebbe la stessa risposta: "Amerai il Signore Dio tuo. Questo è il più grande e il primo dei comandamenti. E il secondo è simile al primo: Amerai il prossimo tuo come te stesso".

Sì, riceverebbe questa risposta, non tanto a parole, quanto con la vita stessa di Caterina: una vita che è splendida testimonianza di un singolarissimo amore per Dio e per il prossimo.

Per la verità, tutti i santi, proprio perché tali, hanno vissuto un'obbedienza eroica a questi due comandamenti, dai quali "dipende tutta la Legge e i profeti". Ma ciascun santo ha vissuto questa obbedienza con modalità proprie e con caratteristiche originali. Stupenda varietà nell'unico immenso campo della santità nella Chiesa!

In questo senso, possiamo brevemente rivisitare l'avventura spirituale di santa Caterina, che si situa nell'epoca di passaggio dal Medioevo all'Età moderna, da una Chiesa che vede numerosi tentativi di rinnovamento all'interno ad una cristianità divisa dalla Riforma protestante, in riferimento al suo amore per Dio e per il prossimo.

Una ferita al cuore d'un immenso amore di Dio

L'amore per Dio, anzitutto. Si può dire che la vita di Caterina è stata un lungo itinerario, durato 63 anni (gli anni della sua esistenza), le cui tappe sono state scandite dalla progressiva crescita e maturazione dell'amore verso Dio, o ancor meglio dell'amore di Dio effuso nel cuore della santa.

Ci sono le tappe iniziali, che si presentano nel segno della piena normalità. Nata a Genova nel 1447, Caterina è una ragazza educata religiosamente dalla nobile famiglia dei Fieschi, tutta casa e Chiesa, che a 16 anni viene data in moglie a Giuliano Adorno, un uomo navigato che, dopo varie esperienze commerciali e militari in Medio Oriente, era rientrato a Genova per accasarsi. Era più avanti negli anni e possedeva un carattere pessimo. E così Caterina vive i suoi primi anni di sposa nella solitudine e nella tristezza. Decide poi di buttarsi nell'alta società del tempo con una condotta mondana, non tanto peccaminosa quanto frivola.

Ma Dio la segue con grande amore e l'attende con ansia. E sceglie come luogo dell'incontro decisivo il confessionale. Caterina si reca al monastero di san Benedetto per confessarsi e una volta in ginocchio davanti al sacerdote "ricevette, così leggiamo nella Vita, una ferita al cuore d'un immenso amore de Dio, con una vista così chiara delle sue miserie e soi difetti et de la bontà de Dio che ne fu quasi per cascar a terra".

Un vero e proprio trauma, dal quale escono le celebri parole "Non più mondo, non più peccati". E se avesse avuto mille mondi, tutti li avrebbe gettati "per quella fiamma di fuoco" (come leggiamo nella Vita). Caterina fuggì da quella tentata confessione, lasciando il sacerdote solo nel mezzo della Chiesa. Ritornata in casa, leggiamo sempre nella Vita, "entrò in una camera più segreta che posse dove pianse e sospirò molto con grande fuogo: in quello punto fu instruita intrinsecamente de l'orazione ma la sua lingua non posseva dir altro salvo questo: "O amor, può esser che mi abbi chiamata con tanto amore e fattomi conoscere in un ponto quello che con lingua ne posso esprimere?".

È in questa occasione che a Caterina appare Gesù carico della croce e sanguinante. Nell'opera Il Dialogo spirituale troviamo questa descrizione: "Essendo un giorno essa in casa, le apparve in una visione interiore il Signor nostro Gesù Cristo, tutto insanguinato, dal capo ai piedi, in modo che pareva che da quel corpo piovesse sangue per tutta la terra, dove andava, e le fu detta interiormente questa parola: "Vedi tu questo sangue? Tutto è sparso per amor tuo e per soddisfazione dei tuoi peccati".

Pochi giorni dopo tornò dal sacerdote per confessarsi, questa volta con successo. Era la primavera del 1473.

Si apre qui il cammino della purificazione spirituale e della trasformazione mistica di Caterina. Ella, dice, sta ai piedi di Cristo, come la Maddalena: è il periodo della contrizione dei suoi peccati, che la porta a ripetere le confessioni, a usare i flagelli e i cilici, a praticare il digiuno. Poi la santa riposa sul petto di Gesù, come l'evangelista prediletto Giovanni: se per i primi anni il confronto fra l'amore di Dio e la malizia dei peccatori la porta ancora a forti penitenze, in seguito prevale in lei l'unione profonda con il Salvatore, al cuore del quale ella si trova vicinissima. Sperimenta così visioni ed estasi e vive periodi di prolungato digiuno, cibandosi esclusivamente dell'Eucaristia. E infine, nell'ultimo decennio di vita, Caterina è condotta alla bocca di Cristo: divorata di dentro dal fuoco dell'amore, si immerge totalmente nella divinità. Il suo è un amore "puro e netto": è l'amore divino che non si esprime attraverso consolazioni o particolari doni, ma che porta l'anima, attraverso vari gradi, a identificarsi col Creatore.

Riferendosi a Dio, Caterina dice che l'Amore deve essere cercato e amato per quello che è: "Non voglio, dolce Amore, quello che esce da te, ma solo te, amore" (Vita, cap. 9).

Le opere di Caterina, in particolare il Dialogo (fra anima e corpo, amor proprio, spirito, umanità e Dio), testimoniano questo ininterrotto e crescente cammino della santa nella esperienza mistica del suo amore per Dio.

L'amore materno verso i sofferenti

L'amore per Dio sfocia inevitabilmente nell'amore per il prossimo. E' la sofferenza di Cristo crocifisso a spingere la santa alla carità compassionevole e operativa verso le più diverse sofferenze umane, di cui era piena la Genova del suo tempo. Caterina, che fa parte della Compagnia delle

Dame della Misericordia, visita poveri e infermi, si prende a cuore i bambini abbandonati, si pone al servizio dei lebbrosi. Dell'ospedale Pammatone diventa rettora e amministratrice: anche il marito, dopo il dissesto finanziario, finirà per seguirla in questo servizio di carità. Non a caso, allora, Pio XII nel 1944 proclamerà santa Caterina da Genova compatrona degli ospedali italiani.

La santa non teme affatto di mortificare energicamente la sua estrema sensibilità, che comporta ripugnanza di fronte alle malattie più gravi e pericolose: la carità è un fuoco che brucia anche queste comprensibili resistenze umane. L'inno liturgico delle Lodi in memoria di santa Caterina canta questo aspetto con una bellissima strofa. Se conosciamo il latino la possiamo riascoltare nel suo linguaggio poetico: Quo quisque plagis foedior, huic illa servit promptior, tabem nec horret ulcerum, horrere nescit caritas. Ma anche chi non conosce il latino ha il diritto a una traduzione. Eccola: Quanto più uno è repellente per le piaghe, con tanta maggior prontezza ella lo serve; e non inorridisce della putrefazione delle ulceri, perché la carità non conosce orrore!

È noto l'episodio del "bacio all'appestata", che P. Cassiano da Langasco definisce "scandalo degli igienisti e meraviglia per gli amanti di cose straordinarie": "C'era in ospedale (il vicino oratorio di san Germano era diventato il quartier generale degli infetti) una donna inferma di febbre pestifera; era una terziaria francescana e da otto giorni era in coma, senza poter parlare. Caterina la visitava spesso e le diceva di "chiamare Gesù". Quella muoveva le labbra come poteva... Quando madonna Caterina le vide la bocca piena di "Jesù" non seppe resistere e la baciò "con grande affetto". Ne prese la febbre, tanto che si pensò ne morisse; ma poi guarì. Il fatto, nel suo inimitabile eroismo, ci dà la misura dell'austero lavoro che la santa ha compiuto su se stessa e, col richiamo a quel dolce Nome, l'inserisce perfettamente nella corrente devozionale francescana, della quale lei si nutriva..." (Sommersa nella fontana dell'amore. Santa Caterina Fieschi Adorno, I., La vita, Marietti 1987, p. 33).

Contemplazione e azione

Amore per Dio e amore per il prossimo: i due aspetti sono profondamente intrecciati, formano un'indivisibile unità. Ritroviamo qui un altro elemento caratteristico della spiritualità di santa Caterina: è mistica e insieme pratica un'intensa attività caritativa; vive immersa nel cuore di Dio, quasi sommersa nell'oceano del suo amore; ma ogni cuore umano quaggiù, soprattutto se sofferente, diventa il termine vivo della sua tenerezza femminile e della sua premura materna, e del suo aiuto concreto e generoso.

In questo senso, il grande filosofo francese Jacques Maritain definisce Caterina come la "contemplativa della strada". Caterina fa questo non come una religiosa, come forse siamo portati a immaginare, ma da donna "laica". Essa è convinta, anticipando le prospettive del Concilio Vaticano II, che la santità, ossia la perfezione dell'amore è una chiamata che Dio rivolge a tutti, nessuno escluso, e che pertanto può e deve essere realizzata in ogni condizione di vita.

Non è inutile riprendere un aneddoto che troviamo raccontato nel cap. IX della Vita e così riferito da P. Cassiano: Un frate che predicava (alcuni pensano che si trattasse del famoso Gerolamo Savonarola) si azzardò a fare, davanti a lei, dei confronti tra la vita religiosa e quella del secolo, in rapporto alla maggiore o minore facilità di raggiungere la perfezione. Caterina accettò il dibattito. Ma quando si parlò del "netto amore", che costituisce l'essenza ultima della vita cristiana, ella tutta si animò ed accese. "Se credessi che il vostro abito, disse al religioso, dovesse accrescere di una sola scintilla quest'amore, ve lo strapperei di dosso, se non mi fosse concesso di averlo diversamente. Che voi possiate meritar di più, ve lo concedo, ch'io questo non cerco; ma che voi possiate amar di più, mai me lo darete ad intendere, in alcun modo". E fu tale l'impeto della sua reazione, aggiunge il biografo, che tutti "i capegli le si sciol-

sero e, cadendo, le si sparsero per le spalle'.". (op.cit., pp. 36-37)

Quale grazia chiedere oggi al Signore per l'intercessione di santa Caterina, il cui corpo intatto si trova in questa Chiesa fatta ritornare al suo splendore?

Forse ognuno di noi ha una sua grazia particolare da domandare: grazia per sé, per i propri familiari, per persone malate o lontane dal Signore.

Da parte mia e a nome di tutti voi, desidero semplicemente ripetere l'importante invocazione liturgica della Chiesa, che raccoglie e dà significato profondo a tutte le nostre richieste: "O Dio, che hai fatto ardere di amore divino santa Caterina (Fieschi Adorno) nel contemplare le sofferenze di Cristo, per sua intercessione, accendi in noi il fuoco della tua carità e rendici partecipi della Passione del tuo Figlio".

Amen.

Genova, 15 settembre 2000

† Dionigi Card. Tettamanzi
Arcivescovo

Santa Caterina da Genova

(1447-1510)

Le radici

Genova, un nome che sempre ha indicato potenza commerciale soprattutto per i traffici navali, mezzo particolarmente privilegiato nei tempi passati quando la maggior parte delle strade erano poco più che viottoli per i tanti pedoni che le calpestavano e ancor più per i cavalli che vi transitavano con un cavaliere o carichi di merci. Per questo la ricchezza aveva arriso, oltre che alla città ligure, a numerose città della costa italiana come Amalfi, Venezia, Napoli, Pisa, Bari, Ancona, i cui porti erano punti di attracco di ogni genere di imbarcazioni che permettevano gli scambi commerciali tra le sponde del Mediterraneo. A ridosso dei porti si trovavano gli arsenali per la costruzione e la riparazione dei navigli e nelle adiacenze era tutto un brulicare di gente che lavorava o frequentava i depositi commerciali e le botteghe artigiane.

Come nelle altre città marinare, anche a Genova i carrugi, le vie che scendevano o si dipartivano dal porto, erano stretti e, per l'altezza degli edifici, si contendevano un raggio di sole per poche ore della giornata. Ma erano vivacizzati dall'andare e venire di residenti e di ospiti e perfino di gente dai lineamenti e dai costumi che facevano pensare a paesi lontani.

È chiaro che anche qua, come nelle altre città del tempo, la gente del popolo faceva storia in modo anonimo, mentre a mettersi in evidenza erano i membri di poche famiglie che per le fortune del commercio e qualche volta per le imprese militari in patria o altrove si erano imposti anche al governo della repubblica.

La famiglia Fieschi primeggiava tra le più antiche e nobili della città. Aveva già dato alla storia guerrieri, ammiragli, due papi: Sinibaldo Fieschi che aveva assunto il nome di Innocenzo IV (1243-54) e Ottobono Fieschi che col nome di Adriano V era vissuto solo 39 giorni sul soglio pontificio (1276); e poi ben quattrocento tra vescovi, cardinali e abati. Mancava solo un discendente canonizzato e ci sarà anche questo: Caterina.

Però il secolo in cui venne alla luce questa santa vedeva l'affievolirsi dell'antica potenza marinara genovese.

Giacomo Fieschi, già comandante di galee al servizio di Renato d'Angiò re di Sicilia contro Alfonso d'Aragona, per due anni era stato viceré di Napoli. Ora, rientrato in patria, aveva coperto incarichi pubblici e nel settembre 1446 sopraggiunse la morte quando Giacomo sì, aveva raggiunto una età matura, ma era in attesa del quinto figlio.

La vedova di Giacomo Fieschi, Francesca di Negro, rimase con la primogenita ventenne, che non tarderà a consacrarsi al Signore nel chiostro, e tre maschi, Jacopo, Giovanni e Lorenzo, già coinvolti in progetti e fantasie tese a conservare e accrescere le glorie della famiglia.

La nascita dell'ultimogenito, nel 1447, fu di certo un soffio di primavera come la stagione in cui venne alla luce (non sappiamo esattamente il giorno e il mese), e poiché era femmina la madre le dette il nome di Caterina.

Svaghi e insoddisfazione

La bambina venne educata ad alti ideali religiosi, ma contemporaneamente ricevette l'educazione richiesta dalla nobiltà e ricchezza della famiglia: letteratura classica latina e italiana, poesia, canto, disegno, pittura e ricamo.

A tredici anni la ragazza manifestò il desiderio di chiudersi nel chiostro con la sorella maggiore, Limbania, ma i superiori ecclesiastici la giudicarono troppo giovane per tale passo, che però avebbe potuto fare due anni dopo. Eppure la preghiera della ragazza era profonda, specie davanti ad una pittura che raffigurava la Pietà appesa nella stanza da letto.

Si diceva pure che s'infervorava per Jacopone da Todi, il frate degli appassionati versi religiosi quali:

Donna de paradiso
lo tuo figliolo è priso
Iesu Cristo beato,

oppure

O Amor, devino Amore
Amor, che non èi amato!

ancora

In foco l'Amor mi mise
il mio Sposo novello...

Tre anni dopo, il 13 gennaio 1463, i progetti di famiglia prevalsero su quelli di Caterina. La famiglia Fieschi era da sempre guelfa. Ora si trattava di stringere un legame con gli Adorno, ghibellini, che da secoli offrivano Dogi alla città. Perciò Caterina, sedicenne, fu data in moglie a Giuliano Adorno, più grande di età e con cinque figli sparsi senza nome paterno, ma nepote dell'attuale Doge di Genova!

Purtroppo Giuliano si rivelò anche violento e lontano dalla preghiera, che invece occupava grande spazio nella giornata della giovane sposa. I primi anni di matrimonio furono un calvario per lei.

Così per quattro anni, finché Caterina cominciò a cedere allo stile di vita del marito. Iniziò con lui

a frequentare le compagnie mondane e per rabbonirlo si abbandonò sempre più alla vanità, attirandosi l'ammirazione degli uomini e le gelosie femminili.

Giuliano Adorno era orgoglioso di questa giovane moglie che finalmente si comportava in modo degno della nobile famiglia da cui proveniva e molto più di quella di cui aveva assunto il nome. Ambedue i coniugi, poi, si mostravano soddisfatti della vita che conducevano dato che il cielo sembrava arridere loro e il mondo intero applaudirli. Da quella unione non nacque alcun figlio.

Cinque anni di vita spassosa... Però quanto vuoto nel cuore! Dirà poi Caterina:

"Quando ebbi acconsentito ai disordini che la parte materiale della mia persona presentava come necessari, a ciò che mi sembrava necessario aggiunsi ogni superfluità e così in poco tempo restai come avviluppata nel peccato. Caduta in questo laccio, persi la grazia rimanendo arida e triste, e allora da spirituale diventai terrena... Quasi morta alle cose spirituali e come cieca per mancanza di luce interiore, guardavo solo con occhi terreni e gustavo solo i piaceri materiali".

Ma Dio, che ci ha creati per amore, fa di tutto perché non ci perdiamo. Con Caterina fece leva sul suo animo buono e sensibile, come confesserà lei più tardi:

"Di buono non mi rimase che un intimo rimorso e una mancanza di pace, ma io cercavo per quanto potevo di saziarmi di cose terrene per non pensarci e perdevo il mio tempo in cose che mi rendevano ogni giorno più schiava, perché quanto più mi allontanavo da Dio tanto più mi ritrovavo insoddisfatta, dato che egli è per natura il bene dell'anima".

Il 20 marzo 1473 segnò una svolta nella vita della giovane signora Adorno. Era andata nella chiesa di san Benedetto attratta da non sapeva cosa. Era Dio stesso che l'attirava, ma lei allora non se ne rendeva conto. Dirà in seguito:
"Sembra addirittura che quanto più ci allontaniamo da Dio per qualche peccato, egli ci richiami a sé con maggiori stimoli e ispirazioni perché non ci separiamo totalmente dal suo amore".

In quell'occasione iniziò a prendere coscienza dell'infinito amore con cui Dio l'aveva personalmente amata ed insieme provò tanto rimorso per non aver corrisposto a quell'amore. Si vide povera dentro, diversa dai valori che da bambina la indirizzavano alla preghiera e alla mortificazione...

Elevò allora questa richiesta al cielo:

"O Dio, fammi stare tre mesi nel letto inferma". Che strana preghiera! Forse cercava tempo e solitudine per riflettere o forse pensava di abbandonare ricevimenti e feste dei palazzi nobiliari e per giustificarsi agli occhi del marito e degli ammiratori desiderava che il Cielo le offrisse la scusa della malattia.

Ma in quel momento Dio non sembrò esaudirla. Due giorni dopo Caterina cercò la sorella monaca che le consigliò il sacramento della Confessione e infatti nella cappella del monastero si trovava un sacerdote disponibile. Lei andò, ma non riuscì a parlare, perché fu investita dalla luce divina che le mostrò l'altezza incommensurabile dell'amore di Dio e la profondità dell'ingratitudine umana. Il prete attendeva in silenzio, lo chiamarono fuori, ritornò... e Caterina era ancora là impietrita. Era la grazia divina che attrae, illumina, purifica. Dirà poi di essersi sentita "accesa e ferita", altre parole non troverà per descrivere quell'esperienza.

Lasciò la Chiesa con un sospiro: "O Amore!", camminando come trasognata lungo la stretta via che portava al palazzo degli Adorno.

A casa si chiuse nella sua stanza, ricurva su se stessa, immersa nel pensiero delle offese fatte a Dio. E si immerse in un pianto, fatto però di lacrime interiori che la prostravano anche fisicamente. Infatti non riusciva né a mangiare, né a dormire, né a parlare; viveva come una allucinata, da apparire, come scriveranno i suoi discepoli che ne ascoltarono poi le confidenze, "una bestia spaventata".

L'Amore che purifica

Ma Dio non voleva la distruzione di questa

figlia, voleva soltanto che le si imprimesse nel cuore la gravità dell'incorrispondenza al suo amore, perciò al momento opportuno la risollevò da quell'oppressione con una grazia particolare. Caterina, raggiunta quasi la disperazione, ebbe la visione di Gesù piagato dalla testa ai piedi, con la croce in spalle, la testa coronata di spine, il sangue che dalle ferite pioveva sulla terra. Caterina ne sentì la voce:

"Vedi questo sangue? Tutto è sparso per amor tuo, per redimerti dai tuoi peccati".

Gesù non le si era manifestato per rimproverarla, perché alla prima visione seguì un'altra ancor più grande, non materiale da colpire la vista, ma intellettiva, per comunicarle interiormente una realtà divina di grandezza infinita, tanto che, preciserà la santa raccontando dopo qualche tempo: "Non si può descrivere con parole né immaginare con mente umana". In questa seconda visione il Salvatore le mostrò "il puro e forte amore che l'aveva mosso a patire per amore di lei".

Dopo questa visione, mai più dimenticata, Caterina prese coscienza del contrasto esistente tra l'amore divino e il peccato dell'uomo: il primo è totale, infinito, purissimo, per questo non viene meno anche se l'uomo pecca. Da qui appare evidente la malvagità e la responsabilità di chi commette coscientemente peccati.

Nonostante fosse stata assalita da un sentimento di disperazione, Caterina comprese proprio dall'illuminazione ricevuta che l'atteggiamento disperato sarebbe stato non solo inutile, ma ancor più dannoso. Allora proruppe in questa confidenziale preghiera:

"Signore, ti offro tutta me stessa perché non so cosa fare di me e mi sento capace soltanto di fare peccati. Vorrei fare, o Signore, questo scambio: io metterò nelle tue mani la mia natura malvagia, perché tu solo puoi immergerla nella tua bontà e trasformarla in modo tale che non rimanga alcuna parte di me stessa. Riempimi del tuo amore perfetto e purissimo che spenga ogni altro desiderio e mi annulli in te, saziandomi talmente di te da non aver più spazio o tempo per pensare a me stessa".

Il Signore accolse questa preghiera e immediatamente liberò Caterina dall'oppressione delle sue colpe perché non si abbandonasse alla disperazione. Nello stesso istante l'avvolse con una raggio d'amore ardente verso di lui che le faceva emettere sospiri e quasi smaniare per il desiderio di corrispondere all'amore infinito che riceveva. Insieme a questo fuoco d'amore le fece sorgere il disprezzo di ogni altro amore o piacere che non provenisse da Dio.

All'alba del nuovo giorno Caterina andò a confessarsi al sacerdote e si sentì nuova. Nella festa dell'Annunciazione del Salvatore, il 25 marzo, ricevette l'Eucaristia che restò poi suo cibo quotidiano.

La vita nuova

Quando la persona ha aperto gli occhi alla grazia divina è naturale che senta il peso delle colpe commesse. Caterina però non tanto versava lacrime sugli anni di peccato, quanto, presa dal fervore che il Signore le suscitava, rimaneva persino sei o sette ore inginocchiata in una preghiera fatta più di contemplazione che di parole, nonostante che profondi sospiri o anche grida esprimessero l'incendio d'amore che provava in tutta se stessa.

Il suo atteggiamento però non fu solo quello di una preghiera contemplativa, perché si impegnò a contrastare le vecchie abitudini esercitandosi in astinenze da cose che potevano allettarla e in penitenze fisiche, quali evitare la carne e i cibi superflui o versandovi sostanze amare, oppure riposando su spine nascoste nel giaciglio. Per tutta la quaresima di quell'anno ridusse al minimo il cibo, infatti l'Eucaristia le fu nutrimento sufficiente anche per il corpo.

Questa nuova condotta di vita la fece apparire agli occhi altrui triste e insoddisfatta, ma chi l'avesse osservata senza pregiudizio avrebbe potuto scorgere la sua pace interiore, che aveva radici nell'Amato al quale era unita.

Giuliano Adorno la guardava stupito: la vedeva camminare con gli occhi bassi, seria ma serena, come fosse occupata in gravi pensieri che però non la preoccupavano. La lasciò fare, perché non riusciva a rimproverarla, ancor più perché egli continuava spensierato la sua vita mondana, perdeva spesso la pazienza per futili motivi, si affannava per accumulare guadagni e arginare debiti.

Poco più di un anno dopo la conversione Caterina, svanito totalmente il ricordo dei propri peccati, si sentì attratta dalla croce e si vide portata fino al petto del Crocifisso sul quale poté riposare.

Le esperienze che dal primo momento di conversione Dio concesse a Caterina furono indescrivibili, perché non erano che un assaggio di ciò che concederà ai suoi figli nell'altra vita. Caterina ne parlò in seguito ad alcuni discepoli, di cui diremo oltre, ma quanto lei ha taciuto è sicuramente maggiore rispetto a quanto ha comunicato. Infatti le fu concesso di sperimentare sia l'amore divino che purifica le persone defunte che sono ancora nell'attesa di vedere Dio, sia quello che pervade coloro che hanno raggiunto la gloria.

Nelle testimonianze lasciate da coloro che ricevettero le sue confidenze troviamo scritto tra l'altro: "Nonostante che quest'anima dicesse di non voler prove dell'amore divino, Dio continuava a tenerla sommersa nella fonte della divina soavità. Perciò stava sempre inabissata in questo mare del divino amore a causa non di una sola ma di diverse visioni.

In una prima visione le mostrò un raggio d'amore purissimo con il quale Dio la amava, che, se quest'anima non avesse stemperato quel fuoco appassionato con il pensiero dell'amor proprio di cui si sentiva imbrattata, non avrebbe potuto vivere un istante di più (per la potenza dell'amore divino).

Altre volte le permetteva di osservare la propria persona, cioè le sue inclinazioni contrarie al purissimo amore divino, il che stemperava quella fiamma divina (che Caterina provava); allora lei avrebbe preferito subito la morte piuttosto che aver offeso Dio anche con un minimo difetto".

Amore e desiderio di purificazione si susseguirono per tre anni, finché Caterina provò l'esperienza di sentirsi inabissare nel costato aperto del Salvatore dove le fu concesso di ammirare il suo Cuore infuocato. Ancora una volta lei poté immergersi in quell'oceano di amore, fino a non sentire più se stessa: "L'anima, il mio cuore, è quello del mio dolce Amore", affermerà in seguito.

E l'Amore si fece maestro:

"Non dir mai voglio o non voglio, non dir mai mio, ma sempre nostro; non ti scusare, ma sii pronta ad accusarti".

Contemporaneamente al procedere del cammino spirituale di Caterina si andarono dissipando le ricchezze economiche di Giuliano; due anni dopo la conversione di lei, nel 1475, i debiti portarono l'ambizioso rampollo della famiglia Adorno al crollo finanziario. Ma dietro il fervore della sposa stava avanzando pure la conversione dello sposo. Iniziò anche lui a pregare.

Arrivò il momento in cui i due coniugi furono costretti a vendere il palazzo e a cercare un alloggio. Ma ormai la carità divina li univa più che l'affetto umano e li spingeva soprattutto ad una unione spirituale, così insieme decisero di farsi poveri per servire i poveri. Lei ne aveva già fatto esperienza da quando Gesù le aveva detto: "Quelli che mi amano devono pure amare ciò che io amo", perciò Caterina si era unita alle consorelle della Misericordia per visitare chi si nascondeva per miseria e per curare gli infermi.

Era il 1478 e i coniugi Adorno trovarono un alloggio nel recinto dell'ospedale di Pammatone costruito cinquantotto anni prima per concentrarvi tutte le iniziative di carità esistenti nella città marinara. Vicino stava sorgendo il convento della SS. Annunziata dei francescani dell'Osservanza, con i quali i due sposi si unirono in un cammino di spiritualità diventando nel 1479 terziari francescani. Da quest'anno lui, vestito della bigia tunica stretta dalla corda, accompagnerà fedelmente lei, che indossava un semplice abito nero, nel servizio agli ammalati dell'ospedale.

Infatti i cosiddetti "protettori" dell'ospedale (coloro che ne garantivano il sostegno economico), da quando la donna Fieschi Adorno si era stabilita accanto ai padiglioni della sofferenza, la invitarono a dedicare tutta se stessa agli ammalati. Ma era stato ancor prima il Signore a dirle interiormente: "Voglio che quando sarai chiamata per compiere opere di pietà tu vada dagli infermi e dai poveri dovunque sarai richiesta, desidero che mai ricusi. Farai loro tutto ciò che io ti ispirerò".

Lei obbedì senza riserve a Gesù che la stava chiamando attraverso la voce dei fratelli.

La sua più intima preghiera che l'univa allo Sposo celeste continuava nel servirlo nel prossimo bisognoso, perchè Gesù abitava in lei e la conduceva alla perfezione attraverso la strada della rinuncia totale di se stessa. Perciò le aveva anche detto:

"Voglio prima di tutto che provi cosa significa l'obbedienza, perché tu possa imparare ad essere umile e soggetta ad ogni creatura. Quando sarai chiamata, anche se tu stessi parlando con Dio, lascia tutto e va subito verso chi ti chiama e dove sei richiesta. Non devi scegliere tu chi ti può dare ordini nè l'impegno da svolgere".

Fu così che Caterina rivelò sempre più la sublime carità che ardeva nel suo cuore verso Dio e, di conseguenza, verso il prossimo.

Non conosceva riserve di tempo e di se stessa,

offriva assistenza, cure, parole di conforto e di speranza, pronta sempre a togliere dall'immondizia il fratello o la sorella sofferente. Per vincere naturali moti di ripugnanza, sollecitata dalla voce interiore e sostenuta dalla grazia, compì gesti che fanno rabbrividire soltanto a leggerli: inghiottire insetti ripugnanti o deglutire sostanze purulenti dalle ferite che stava medicando.

Era sempre la voce interiore che la spingeva alla rinuncia di se stessa, a superare il senso di delicatezza o il moto di ripugnanza che istintivamente la natura umana prova di fronte a certe malattie:

"Voglio annullare in te il disordine che provocano piaceri e dispiaceri della vita. Ti voglio purificare da ogni imperfezione, desidero che tu diventi insensibile al piacere o al disgusto come se fossi morta".

Il Signore proponeva a Caterina un ideale altissimo: il distacco totale da se stessa per essere sempre più unita allo Sposo celeste, come per anticipare ciò che saremo in Paradiso. Quanto le costò quell'ideale! Ma lei si impegnò a realizzare la richiesta divina. Dice il biografo che Caterina trattava le miserie più ripugnanti "senza disgusto, come stesse maneggiando pane" e che dopo aver compiuto certi gesti "si ritrovava contenta tanto da essere ancor più forte in una successiva occasione e nel pazientare con malati disperati o ribelli".

Alla richiesta di diventare insensibile alle cose

piacevoli o ripugnanti, Gesù ne aggiunse un'altra:

"Voglio che tu non abbia alcuna amicizia né che ti leghi con qualcuno in particolare, perché desidero che tu ami ognuno senza legami affettivi, poveri e ricchi, amici e parenti, senza alcuna distinzione, nemmeno per motivi spirituali o religiosi".

Era la rinuncia più completa ad ogni sentimento, perché Caterina diventasse totalmente libera di amare Dio con tutta se stessa e ogni creatura senza alcuna preferenza, ma solo per amore di Gesù.

Serva dei malati

Nell'anno 1489 venne a mancare la figlia di Bartolomeo Bosco, il fondatore del Pammatone di cui aveva egli stesso curato il governo, portato avanti poi dalla vedova e infine dalla figlia.

I protettori dell'ospedale chiesero a Caterina non soltanto di servire i malati dell'ospedale, ma di assumere la responsabilità dell'opera amministrando l'economia, organizzando l'assistenza e dirigendo ogni lavoro. Nella proposta degli uomini lei vide ancora una volta la volontà divina e accettò.

Per circa otto anni fu "superiora" del grande ospedale, impegnata nell'amministrazione dei fondi, delle rendite e delle elemosine, nell'oculata vigilanza delle spese, nella giusta ricompensa ai serviziali e, soprattutto, nella premurosa assistenza agli infermi e nell'accoglienza materna dei neonati e dei trovatelli.

Se da un lato poteva pesare il dovere di amministrare, dall'altro continuava l'obbedienza a Cristo che le aveva chiesto di donarsi senza riserve. Infatti lei non abbreviava il tempo dedicato ai fratelli sofferenti per occuparlo nell'amministrazione. Scrive il suo biografo:

"Lei serviva gli infermi con ferventissimo affetto, così nelle cose dell'anima, come nei bisogni corporali, non evitando mai infermo di qualsivoglia condizione sociale o per orribile infermità che avesse".

Spontanea anche l'ammirazione dei protettori dell'ospedale costretti ad esclamare: "Non manca un solo denaro!", tanto lei era oculata nelle cose altrui.

Ma prima di tutto Caterina era sapiente amministratrice di se stessa, perciò non metteva al secondo posto l'unione con l'Amore. Se doveva restare un po' di più del previsto sui libri contabili o doveva proseguire oltre il solito nel servire o consolare un malato, non interrompeva l'unione con lo Sposo divino, nulla distraeva il suo cuore dal percepirlo, dal sentirsi da lui amata e sostenuta nei doveri verso il prossimo. E questo altro non era che ricambiare l'amore dell'Amato.

Agli occhi dei circostanti appariva distaccata, addirittura impassibile accanto al malato, perché, secondo la richiesta divina, lei aveva annullato ogni sentimento di piacere e ogni moto di ripulsa. Ma dentro di lei palpitava l'amore fraterno più profondo e disinteressato proprio per l'unione costante con Colui che "ci ha amato e ha dato se stesso per noi", come scrive l'apostolo Paolo, e che riversava continuamente il proprio amore in lei.

Infatti, la fonte del donarsi di Caterina al prossimo senza riserve era l'unione più intima con lo Sposo e, concretamente, era l'Eucaristia.

Ogni mattina partecipava al Sacrificio dell'altare e, spesso, saliva al santuario di Nostra Signora del Monte, luogo caro alla famiglia perché fondato dal Doge Raffaele Adorno, ma anche perché lei vi trovava i frati francescani quali confessori e consiglieri.

Chi l'accompagnava aveva l'impressione che Caterina volasse arrampicandosi per l'erta salita e anche sotto la pioggia e tra la mota. E dopo aver partecipato alla celebrazione eucaristica con il fervore che solo possiamo immaginare, lei discendeva pregna di quel Dio che l'amava e che comunicava ai fratelli con la parola o il gesto di carità.

Nei tempi di quaresima e di Avvento, l'Eucaristia era suo unico cibo, ma tale da darle anche forze fisiche necessarie nelle attività sociali.

Per Genova giunse il momento di prova: nel 1493 scoppiò la peste, ogni casa ne fu colpita, la città fu frastornata. Caterina era in prima fila nel servire i malati, anzi le venne affidato l'incarico di gestire anche il Lazzaretto, nel quartiere di S. Germano vicino all'ospedale di Pammatone. Si fece presente ovunque per dirigere l'assistenza, fu accanto a ogni dolore, divenne forza nella disperazione e speranza nella morte.

La fede e la carità la ressero anche in questo lavoro straordinario dal quale non si concedeva riposo e, inoltre, seppe coinvolgere forze nuove infiammandole di amore. Così dette inizio, senza volerlo, a una cerchia di discepoli.

Un episodio di questo periodo è testimoniato. Venne ricoverata una terziaria francescana, donna nota per la sua vita spirituale ma ora in stato agonico. Per otto giorni rimase fuori di sé e Caterina le fu costantemente accanto suggerendole: "Chiama Gesù".

Era il tipico insegnamento dei frati di quel secolo, discepoli di san Bernardino da Siena che con san Giacomo della Marca aveva lanciato sulle piazze italiane la devozione a quel santo Nome, strumento divino di innumerevoli grazie e miracoli; a Genova l'aveva predicato nel 1490 e nel 1492 il beato Bernardino da Feltre dell'Osservanza francescana, che Caterina doveva aver ascoltato e con cui si era certamente consigliata nelle cose spirituali e caritative, dato che il convento dell'Annunziata era adiacente all'ospedale.

Ora quella malata sembrò corrispondere quasi

inconsciamente all'insistente esortazione di Caterina e a costei parve che la sua bocca fosse ricolma di quel santo Nome, perciò non riuscì a trattenere l'impulso di unire le proprie alle labbra della febbricitante perché quel dolcissimo Nome risuonasse più forte.

La generosa infermiera ne riportò la febbre pestilenziale, ma il Signore la volle ancora serva dei miseri, così passata la prova lei poté continuare il servizio di amministratrice e animatrice dell'ospedale e dell'emergenza cittadina.

Il contagio si mostrò vinto solo nell'agosto dell'anno seguente. Riapparirà ancora quattro volte finché vivrà Caterina.

Intanto anche per il suo coniuge giunse il momento di lasciare la vita del corpo. Giuliano morì serenamente nell'estate del 1497, da figlio di Dio e degno sposo di una santa da cui si era lasciato plasmare nello spirito e della quale aveva imitato il fervore e la carità.

La cerchia dei discepoli

La peste del 1493 aveva richiesto ogni collaborazione. Caterina aveva guidato i volontari nel servire gli appestati, cercati dappertutto, assistiti con amore, molti accompagnati purtroppo alla tomba. Il suo esempio aveva coinvolto tutti in un impegno crescente di vita cristiana che diventava poi carità fraterna, spesso eroica.

Alcune di queste persone cresciute nella fede non la lasciarono più, così lei divenne guida, maestra, consigliera. Tra i più operosi collaboratori durante la peste, Caterina ebbe il ventitreenne notaio Ettore Vernazza che assimilò più di altri la sua spiritualità.

Già passata la bufera il gruppo si era posto il problema di come predisporre un piano di assistenza per circostanze simili per non trovarsi improvvisamente in difficoltà.

Nel 1497 nacque la Compagnia del Mandiletto per assistere materialmente e spiritualmente i bisognosi e difenderli legalmente nei casi di liti. Il nome ha origine da un fazzoletto (mandile) che si usava per nascondere il volto con lo scopo di non essere accecati dalla superbia mostrandosi caritativi né di umiliare la persona beneficata. Tra i fondatori era il Vernazza che ne stilò le regole.

Costui nel 1499 dette inizio alla Compagnia del Divino Amore, all'origine solo quattro uomini con lui, poi una vera famiglia di circa quaranta persone impegnate nella carità ma in modo totalmente nascosto, sollevando poveri dalla miseria, assistendo malati e condannati a morte.

Questo figlio spirituale di Caterina si impegnò anche successivamente in altre opere per l'educazione religiosa e professionale di ragazzi, per il recupero di donne lascive, per la costruzione del lazzaretto e per la fondazione dell'ospedale degli Incurabili (gli infettivi, diremmo oggi).

Tutto sorgeva alla scuola di Caterina. Il gruppo dei discepoli infatti era fedele ai colloqui spirituali, coinvolti dalle parole di lei che li aiutava ad orientare pensieri e opere verso Dio: "Che dolci colloqui si facevano! Chi parlava e chi udiva, ognuno si pasceva di cibo spirituale soave e dilettevole", ricorderà in seguito il Vernazza.

Fu spontaneo allora organizzarsi, così nacque la Confraternita del Divino Amore: "Questa nostra fraternita non è istituita per altro se non per radicare e piantare nei nostri cuori il Divino Amore cioé la carità". A ciascuno si chiedeva impegno per una crescita spirituale, abbandono di vizi, disponibilità verso i poveri e gli infermi.

Lei donava ciò di cui veniva ricolmata direttamente dal cielo, poiché viveva "immersa nell'oceano dell'Amore". Poteva affermare:

"Le parole e i vocaboli sono difettosi rispetto a quanto ne sento senza sentire (con gli orecchi) e non saranno capite; ma ho tanto fuoco senza fuoco (materiale) di dentro, che vorrei che ogni persona lo potesse comprendere: e sono certa che, se mi fosse possibile soffiarlo verso le creature, le brucerei e le consumerei totalmente col fuoco del Divino Amore".

Caterina avrebbe preferito isolarsi dall'ambiente circostante per immergersi completamente in

Gesù, l'Amore, che potentemente l'attraeva. Ma era l'Amore stesso che la spingeva ad amare il prossimo bisognoso e a comunicare al piccolo numero di figli spirituali quanto riceveva.

Al Pammatone, dopo aver lasciato l'alloggio condiviso con il coniuge, abitò una sola stanza che conteneva una piccola cella: lei usò preferibilmente questa per abbandonarsi alla contemplazione piuttosto che per i momenti di riposo.

Ma nella prima accoglieva i pochi discepoli che avevano sete di Dio, coinvolgendoli nel cammino di perfezione e nelle esperienze mistiche, come scrisse un discepolo:

"Quest'anima stava spesse volte con molti suoi amici spirituali, parlando del Divino Amore e in tal modo, che a tutti insieme in generale come a ognuno d'essi in particolare pareva essere in Paradiso. Che dolci colloqui si facevano! Chi parlava e chi ascoltava, ognuno si pasceva del cibo spirituale soave e dilettevole e, poiché il tempo volava senza che ci si accorgesse, gli amici non si potevano saziare. Tuttavia rimanevano tanto accesi ed infuocati che non riuscivano più a parlare nè decidevano di partire.

Non si parlava d'altro che del Divino Amore, delle sue azioni interiori e dei rimedi necessari per togliere quanto impedisce la sua azione. Era chiaro che quanto si faceva tra loro, tutto era per Dio e per utilità delle anime".

Tra i discepoli era il prete Cattaneo Marabotto, contemporaneamente suo confessore e direttore spirituale, amministratore e procuratore dei suoi beni, uno di coloro che poi contribuì a mettere per iscritto quanto lei comunicava.

Trasfigurata nell'Amato

Caterina esprimeva con parole ciò che l'Amore andava operando nella sua persona e di cui a mala pena, secondo lei, se ne poteva balbettare. L'azione divina infatti era travolgente tanto che "la natura umana non avrebbe potuto sostenere tanto impeto d'amore" senza l'aiuto della grazia stessa.

Quest'Amore Divino, dal momento in cui l'anima si era liberamente abbandonata a lui, ne dimenticava il peccato e la trasfigurava sempre più in se stesso:
"Il mio io è Dio, poteva affermare Caterina, e non mi riconosco altro io che il mio Dio stesso... non per la sola partecipazione, ma per una vera trasformazione e annientamento del mio essere".

Gli effetti di tale esperienza furono due. Il primo era anche fisico, per cui quando lei fuggiva alla vista altrui, veniva ritrovata fuori di sé e non giovava chiamarla o gridarle finché non era finita l'estasi in cui era immersa; oppure il corpo di Caterina bruciava senza consumarsi, l'arsura attanagliava la sua gola e una fame insaziabile le pro-

vocava in brevissimo tempo l'assimilazione del poco cibo assunto. Era il fuoco divino che la penetrava e l'avvolgeva e che si manifestava ai discepoli per le conseguenze provocate sul corpo della creatura.
L'altro frutto sono gli scritti che narrano le sue esperienze e rivelano quanto Dio le ha comunicato alla mente e le ha fatto provare nel cuore. Non sono scritti autografi, ma dei suoi discepoli Cattaneo Marabotto ed Ettore Vernazza, e forse di altri ancora, che si premurarono di mettere per iscritto la ricchezza di dottrina di Caterina per non lasciarla cadere nell'oblio.

Per questo è ancora possibile attingere a quella fonte traboccante di dottrina e amore perché direttamente suscitata dalla Fonte originaria, il Dio trino ed unico, come aveva detto lei:

"Ho visto la vera sorgente della bontà di Dio, che era tutta solo in lui, senza la partecipazione di alcuna creatura".

Le opere dottrinali sono due: il *Dialogo spirituale* e il *Trattato del Purgatorio*.

Nella prima opera Caterina narra la propria conversione dalla vita mondana a quella spirituale attraverso il contrasto tra l'anima e il corpo, tra l'amor proprio e lo spirito, tra la natura umana e Dio.

Nella seconda descrive la situazione delle persone che, lasciata questa vita terrena, stanno vivendo lo stato purgativo in attesa di essere ammesse alla presenza di Dio, il quale continua ancora ad attirarle a sé attraverso l'amore, vero fuoco purificante.

Gli ultimi nove anni di Caterina furono una continua malattia, ma strana nelle sue manifestazioni e perciò ritenuta soprannaturale dagli stessi medici che più volte e in numero considerevole furono chiamati a visitarla e curarla. Era come se un fuoco le bruciasse le membra dentro e fuori senza però consumarla, provocandole contemporaneamente una tale sofferenza da farla torcere e urlare. Non si trovava rimedio adatto, anche se i medici, con la scienza d'allora, prescrivevano cure e medicine che Caterina accettava in spirito di obbedienza per la totale rinuncia alla propria volontà.

Se prima il suo cibo era ridotto all'essenziale, divenne in quegli anni minimo, ma per lei costituiva una pena doverlo inghiottire. Persino ingerire l'acqua le diventò faticoso e via via medici e amici la forzarono sempre meno. Qualche giorno prima di morire, essendole stata inumidita la bocca, una goccia d'acqua le scese in gola e lei esclamò: "Affogo!", tanto le era impedita la deglutizione.

Solo l'Eucaristia non le procurava difficoltà. Infatti affermava che appena le veniva posta in bocca subito la sentiva nel cuore.

Nonostante lo strazio delle membra, non venne mai meno la pace interiore e la gioia di sentirsi sempre più purificata per essere meno indegna della santità divina e della visione di Dio. Quando parlava di questo suo stato d'animo coinvolgeva i presenti che, da ogni parte, accorrevano per ascoltarla e per raccomandarsi a lei. Afferma un discepolo:

"Ascoltando le sue parole si poteva intuire la bellezza del Paradiso, mentre guardando il martirio del suo corpo si poteva comprendere la sofferenze del Purgatorio".

Con il desiderio cocente di essere liberata dal peso del corpo per immergersi nell'Amore eterno, spirò la notte tra il 14 e il 15 settembre 1510. Aveva sessantatre anni.

Il suo corpo, prima sepolto in terra nella Chiesa della Santissima Annunziata di Portoria, due anni dopo dal sacerdote Cattaneo Marabotto venne collocato in una tomba. Ancor oggi è esposto intatto in quella chiesa che ormai è denominata "Santa Caterina da Genova".

Papa Clemente X la dichiarò "beata" nel 1675 e papa Clemente XII la canonizzò nel 1737.

Presentazione del "Trattato del Purgatorio"

"Dio è amore", afferma due volte l'apostolo Giovanni *(1Gv 4,8.16)*: perciò Dio ama sempre ogni creatura e la attrae a sé attraverso l'amore.

Lo conferma santa Caterina da Genova con le parole raccolte dai suoi discepoli: "Le mostrò anche che egli non si adira con le anime per il grande amore che porta loro: le ama sempre e sempre cerca di unirsi a loro. Da parte sua non viene mai meno tale istinto, perciò non smette mai di agire verso noi con quel puro amore che arde e non consuma" *(Dialogo, 31)*.

Questo amore, vero fuoco purificante, agisce verso ogni persona mentre è in vita. Un esempio ci viene offerto da santa Caterina da Genova che si è lasciata vincere dalla grazia divina che la chiamava a conversione, come abbiamo narrato sopra, e si è abbandonata totalmente all'amore divino sperimentandone la potenza purificatrice.

Il Trattato del Purgatorio di Caterina nasce proprio da quella esperienza personale. Lei infatti non ha scritto a tavolino un libro, ma con semplicità comunicava ai discepoli la propria esperienza di purificazione e affermava che è simile a quella dei defunti che non possono ancora godere della visione di Dio, perché durante la vita erano stati talmente presi da altre occupazioni e preoccupazioni da non avvertire i richiami della grazia o addirittura da rigettarli.

Ma grazie a Dio, dice la santa, quell'amore continua anche quando le persone hanno lasciato la terra e, ormai libere da qualsiasi altro impegno o distrazione, desiderano ed accolgono l'Amore Divino nel tempo di purificazione che le predispone a vedere il volto di Dio e a godere della sua gloria.

I discepoli di Caterina attorno al 1520 scrissero quanto avevano ascoltato dalle sue labbra. La narrazione non è lineare, perché talvolta sono riportate le parole in prima persona come pronunciate dalla santa, altra volta in terza persona si parla di lei.

Questa narrazione costituisce il capitolo 41 del "manoscritto Dx", che noi presentiamo trascritto in lingua corrente apponendovi la numerazione dell'edizione del 1743 per facilitare la lettura (dal volume di C. Carpaneto, *Sommersa nella fontana dell'amore,* II, Genova 1990).

A questo scritto facciamo precedere due sottolineature:

- la prima è che le parole di Caterina non vanno lette con la curiosità di sapere come stanno o cosa fanno i defunti, ma richiedono disponibilità a lasciarsi illuminare da Dio il quale, attraverso l'esperienza e le parole dei santi, ci aiuta a conoscerlo meglio e a sapere come egli agisce con i

suoi figli vivi o defunti;
- la seconda è che le parole della santa richiedono grande attenzione, perché comunicano una esperienza trascendente difficile da esprimere con linguaggio umano, come afferma lei stessa.

Lette dunque con semplicità e disponibilità, queste parole aprono il cuore alla fiducia in Dio ed aiutano ad accogliere e corrispondere al suo amore.

Contemporaneamente illuminano circa il "Purgatorio" (dal latino: *purgatio*, purificazione), che spesso viene confuso come un "luogo".

Si tratta, invece, di una "situazione" o, secondo la nostra esperienza scandita da giorni ed anni, possiamo anche pensarlo come un tempo di purificazione da ogni traccia e conseguenza di peccato che impedisce di vedere Dio, santità perfetta. In questo tempo, dunque, nella persona defunta viene ristabilito l'ordine stravolto dal peccato con il quale l'uomo durante la vita terrena aveva messo al primo posto se stesso e il proprio piacere.

Dio invece è al di sopra di ogni altro essere vivente e tutto nell'uomo, con libera scelta, deve tendere alla perfetta unione con lui.

Il Purgatorio allora è il tempo della speranza che predispone allo stato di gloria, cioé quando "Dio sarà tutto in tutti" come scrive san Paolo *(1Cor 15,28)*, quando nulla potrà impedire a Dio di riempire di se stesso ogni parte del nostro essere ormai purificato.

Questo stato o situazione in cui Dio stesso sarà nostra gioia eterna viene indicato con la parola "Paradiso" (che in ebraico significa giardino, cioè luogo piacevole); invece la situazione opposta sarà di eterna disperazione per non poter vedere Dio e viene indicata come "Inferno" (dal latino *inferior* = sotto, perché i defunti erano sepolti sotto terra).

Trattato del Purgatorio

Come (Caterina), per affinità con il fuoco divino che sentiva nel suo cuore e le purificava l'anima, vedeva interiormente e comprendeva come stanno le anime in Purgatorio, per purificarsi prima di poter essere presentate al cospetto di Dio, in Paradiso.

1. Questa santa anima (= Caterina), ancora unita al corpo si trovava nel Purgatorio dell'infuocato Amore Divino che tutta la incendiava cancellando in lei ogni impurità, di modo che, al momento di passare da questa vita, potesse essere presentata subito al cospetto del dolce Iddio. Per mezzo di questo fuoco d'amore, essa comprendeva interiormente la condizione delle anime dei fedeli nel luogo (= nel tempo) del Purgatorio per cancellare ogni ruggine di macchia di peccato che non avessero già espiato durante la vita terrena.

E come lei posta nell'amabile Purgatorio [1] del fuoco divino stava unita a quel Divino Amore e

[1] Caterina, nei primi tempi della conversione, si sentiva immersa nell'Amore Divino che la stava purificando dalle conseguenze delle scelte mondane che l'avevano portata lontano da Dio; non era nel "Purgatorio" come noi lo pensiamo tradizionalmente cioé come un luogo, ma in una situazione purificante definita "amabile" perché fonte di pace.

contenta per tutto quello che Dio operava nella sua anima, così poteva comprendere lo stato delle anime che sono nel Purgatorio.

2. Allora (Caterina) diceva: Le anime che sono nel Purgatorio non possono avere altro desiderio che stare lì; e ciò per volontà di Dio che, giustamente, ha disposto questo.

Né possono più ripensare alla vita passata, né dire: 'Ho fatto tali peccati per i quali merito di stare qui', oppure: 'Non li vorrei aver compiuti, così ora andrei in Paradiso', e nemmeno: 'Quell'anima uscirà prima di me o io uscirò più presto di lei'.

Infatti non possono ricordare nulla, né il bene né il male, che riguardi loro od altri; ma sono grandemente felici di fare parte del disegno di Dio e vedere che egli opera ciò che gli piace e come gli piace, per cui non possono pensare niente di se stesse. Perché vedono la grande bontà divina e il suo modo di agire, che usa tanta misericordia verso l'uomo per attirarlo a sé, che non possono scorgere né le pene né i beni propri di ciascun altro. D'altra parte, se lo potessero vedere, non sarebbero nella perfetta carità.

Nemmeno possono conoscere che si trovano in quello stato a causa dei loro peccati, né possono trattenere nella mente i loro peccati, perché ciò sarebbe un'imperfezione in atto, cosa impossibile in questo luogo dove non si può più attualmente peccare. [2]

Soltanto una volta e precisamente nel lasciare questa vita vedono il motivo che le porta in Purgatorio; poi non possono più accorgersi di questa causa, perché (anche il ricordo) sarebbe una proprietà (dell'anima).

3. Ed essendo (immerse) nella carità e non potendo più deviare da quella con un nuovo difetto (= peccato veniale), non sono più in grado di decidere o desiderare altro se non il puro volere di quella perfetta bontà (che è Dio). Essendo però in quel fuoco purgativo, sono nella disposizione divina, che è carità pura, e non possono più scegliere di allontanarsi in qualche direzione da quella carità, perché non hanno più la facoltà di peccare né ottenere dei meriti.

4. Non credo esista una gioia paragonabile a quella di un'anima del Purgatorio, eccetto quella dei santi del Paradiso. E questa gioia cresce di giorno in giorno per l'influsso di Dio in quelle anime, per-

[2] Chi è morto non può più scegliere il bene o il male, perciò chi si è pentito dei propri peccati si sente soltanto imperfetto davanti a Dio che lo sta attraendo. Venendo meno ogni altra proprietà della persona, l'anima è accesa dal desiderio di giungere a lui e perciò di purificarsi.

ché ciò consuma sempre più quanto impedisce (l'accoglienza) di quell'influsso. L'impedimento è la ruggine del peccato: il fuoco (dell'Amore Divino) va consumando la ruggine e così l'anima si apre sempre più all'influsso di Dio.

È come un oggetto coperto davanti al sole, che non può ricevere i suoi raggi, non per una imperfezione del sole che splende di continuo ma a causa della sua copertura: quando si elimina questa copertura, l'oggetto si apre al sole, la sua capacità di rifletterne (i raggi) aumenta quanto più si va assottigliando ciò che lo copre. Allo stesso modo la ruggine del peccato, che ricopre le anime nel Purgatorio, si va consumando per il fuoco (dell'amore divino) e quanto più si distrugge tanto più cresce la corrispondenza col vero sole che è Dio. Perciò quanto più diminuisce la ruggine, tanto più cresce la gioia e l'anima si apre all'influsso divino; così questa cresce e l'altra diminuisce finché non sia tutto compiuto. Non che venga meno la pena, va solo diminuendo il tempo di stare in quella pena. [3]

Le anime non possono volontariamente ricono-

[3] Il vedere approssimarsi la fine del purgatorio non dà sollievo alla pena perché, aumentando con la purificazione la conoscenza di Dio, cresce anche il desiderio di essere totalmente in Lui e quindi anche la pena di non vedere realizzato questo desiderio.

scere che le loro pene sono davvero tali, perché gioiscono della disposizione di Dio con la cui volontà sono unite in pura carità.

5. Dall'altra parte, insieme alla gioia della volontà così unita (a quella divina) esse provano una pena talmente grande, che non c'è lingua che ne possa parlare né intelletto umano capace di comprenderne una minima scintilla, se Dio non gliela mostrasse con una grazia speciale.

Questa scintilla mi è stata rivelata per grazia di Dio, ma non trovo parole per descriverla. Tuttavia non potrò mai dimenticare la visione che il Signore mi ha mostrato, pertanto cercherò di raccontare quello che posso e capirà colui al quale egli vorrà aprire la mente.

6. Il fondamento di tutte le pene è il peccato, sia quello originale che quello attuale. Dio ha creato l'anima pura e semplice, priva di ogni imperfezione e dotata di un certo istinto beatifico verso di lui; da questo istinto la allontana il peccato originale.

Quando ad esso si aggiunge il peccato attuale, l'allontana di più e quanto più si allontana tanto più cresce la malvagità dell'anima, perché corrisponde meno con Dio.

Il motivo è che tutti i beni che esistono si ottengono per partecipazione all'essere divino. Dio con le creature irrazionali agisce secondo l'ordine prefissato dalla sua volontà a cui non viene mai meno, mentre con l'anima agisce in misura maggiore o minore secondo il grado di purificazione dall'impedimento del peccato.

Perciò quando si trova un'anima che sta tornando perfetta e pura come quando fu creata, quell'istinto beatifico (verso Dio) si libera e divampa con grande impeto e forza per il fuoco della carità che la spinge talmente verso il suo fine ultimo (Dio) tanto che all'anima sembra insopportabile essere ostacolata; e quanto più scorge distintamente quel fine divino, tanto maggiore e più acuto è il suo tormento.

7. Le anime che si trovano nel Purgatorio, dato che sono senza peccato, non hanno barriere tra Dio e loro, salvo quella pena che le ha fatte attardare a realizzare quell'istinto che non ha potuto trovare ancora la sua realizzazione. Vedendo allora chiaramente quanto sia grave di fronte a Dio anche solo un impedimento e che per un'esigenza di giustizia il loro istinto viene frenato, proprio per questo nasce in loro un fuoco straziante, simile a quello dell'Inferno eccetto che nella colpa. È infatti la colpa a rendere malvagia la volontà dei dannati nell'Inferno, dove la bontà di Dio non è corrisposta, perciò essi perseverano nella loro volontà disperata e malvagia contraria alla volontà divina. [4]

8. Da ciò risulta chiarissimo come la colpa sta nella volontà perversa contraria a quella di Dio: perseverando allora nella cattiva volontà, ci si ostina anche nella colpa (= nel peccato).
Dato che i dannati sono passati da questa vita con una volontà malvagia, la loro colpa non è stata rimessa, né la si può rimettere perché essi non possono più cambiare la volontà perché con quella sono passati da questa vita. Proprio in tale passaggio l'anima si attesta nel bene o nel male secondo come si trova nella sua libera volontà, come sta scritto: *Ubi te invenero* - cioè nell'ora della morte, con la volontà o di peccato o di pentimento - *ibi te iudicabo.* [5]

A questo giudizio non c'è poi appello perché, dopo la morte, la libertà dell'arbitrio personale diventa immutabile e ferma sulla volontà in cui si trova in punto di morte. Così quelli che stanno all'Inferno portano eternamente la colpa e la pena:

[4] Nel Purgatorio le anime considerano utile la sofferenza e, uniformandosi alla divina volontà, la desiderano e l'accettano come occasione di purificazione; invece nell'Inferno le anime si ribellano, per superbia, alla pena, perseverando nel peccato e sottraendosi all'Amore Divino, rendendo così eterno il castigo.

[5] *"Dove ti troverò, là ti giudicherò".* Questa frase potrebbe richiamare un versetto di *Qoèlet* 11,3: "Se un albero cade a sud o a nord, rimane là dove cade".

una pena non tanto grande quanto meritano, ma quella che hanno è senza fine.

Le anime purganti, invece, hanno solo la pena; ma dato che sono senza colpa perché questa fu cancellata con il pentimento, la pena è temporanea e va scemando col passare del tempo, come ho già detto. O miseria più grande di ogni altra miseria e tanto più grande quanto più l'umana cecità non la considera!

9. Dico che la pena dei dannati non è infinita per la quantità perché la dolce bontà divina spande il raggio della sua misericordia anche all'Inferno. Infatti l'uomo che muore in peccato mortale merita una pena infinita ed eterna, ma la sua misericordia ha stabilito che solo la durata sia infinita mentre in quantità è limitata: Dio avrebbe potuto giustamente dare una pena più grande di quanto ha fatto.

Puoi capire allora quanto sia pericoloso il peccato commesso con malizia di cui l'uomo difficilmente si pente; per cui non pentendosi, rimane la colpa, che dura finché la persona si ostina nella volontà di peccato, commesso o con l'intenzione di commetterlo.

10. Al contrario le anime purganti hanno la loro volontà del tutto conforme a quella di Dio, perciò proprio a questa loro conforme volontà Dio corrisponde con la sua bontà, allora esse rimangono contente, perché la loro volontà viene purificata dal peccato originale e attuale.

Riguardo poi alla colpa, esse diventano talmente pure come quando Dio le creò, essendo passate da questa vita pentite di tutti i loro peccati e col proposito di non commetterne più. Per tale pentimento Dio subito perdona la colpa, così rimane soltanto la ruggine e la deformità del peccato che viene poi purificata nel fuoco per mezzo della pena.

Così tali anime, completamente purificate da ogni colpa e unite a Dio con la volontà (corrispondente alla sua), lo vedono chiaramente nella misura in cui egli concede loro di conoscerlo. [6]

E scoprono poi quanto sia essenziale godere di Dio e che l'anima è stata creata proprio per questo fine e che c'è una grande affinità che le porta a unirsi a lui. Tale affinità sospinge tanto verso Dio per un'istinto naturale di Dio con l'anima, che non c'è ragionamento né figura né esempio capaci di spiegare questa cosa, cioé come la mente lo sente

[6] Caterina nel *Dialogo spirituale* racconta le stesse tappe di purificazione attraverso cui lei stessa è passata e che dichiara simili a quelle delle anime purganti: la purificazione inizia con la presa di coscienza dei peccati commessi, alla quale fa seguito l'annullamento del loro ricordo per intervento del fuoco divino che consuma ogni ruggine di peccato, finché la creatura, ormai pura, potrà unirsi a Dio.

effettivamente e lo comprende per una luce interiore.

Propongo tuttavia un esempio che mi si presenta alla mente.

11. Poniamo che nel mondo esista un solo pane che debba sfamare tutte le creature e che esse possano saziarsi solo vedendolo. Ora la creatura, cioé l'uomo, quando è sano, sente l'istinto naturale di mangiare e se non lo fa, qualora non si ammali o non muoia, la fame crescerà sempre proprio perché quello stimolo non viene meno: è contento perché sa che quel pane soltanto la può saziare, ma non avendolo egli resta affamato.

Questo è l'Inferno che provano quanti hanno una grande fame: quanto più l'uomo si avvicina a quel pane senza poterlo vedere, tanto più acceso diventa il suo desiderio che, per istinto naturale, è completamente rivolto verso quel pane, nel quale risiede tutta la (sua) felicità.

Nel momento in cui avesse la certezza di non poter mai vedere quel pane, si inizierebbe per lui l'esatto Inferno: questo preciso Inferno provano le anime dannate perché prive completamente della speranza di contemplare il pane vero che è Dio salvatore.

Invece le anime del Purgatorio soffrono la fame perché non è concesso loro di vedere quel pane che le può nutrire, ma hanno la speranza di vederlo e di saziarsene completamente; perciò stanno in pena solo per il tempo in cui non possono sfamarsi di quel pane.

12. Oltre a questo, vedo distintamente che lo spirito purificato non trova pace in nessun luogo se non in Dio, essendo stato creato per questo fine. Ugualmente le anime in peccato possono stare solo all'Inferno, perché Dio ha predisposto per loro questo luogo, perciò nel preciso istante in cui lo spirito si separa dal corpo, l'anima va verso il posto che le si addice, senza altra guida che quella contenuta nella natura del peccato. Questo, naturalmente, se l'anima parte dal corpo in peccato mortale. E dico ancora: se una tale anima non trovasse in quel passaggio l'ordine che Dio ha stabilito secondo la sua giustizia, rimarrebbe in una condizione ancora peggiore dell'Inferno, perché chi è fuori da quell'ordine non può godere della divina misericordia che alle anime concede una pena minore di quanto meritano. Per questo, non trovando un luogo più adatto e meno doloroso, perché Dio ha voluto così, esse si gettano immediatamente là dentro come luogo che appartiene a loro.

13. Riguardo al Purgatorio abbiamo qualcosa di simile: l'anima separata dal corpo, che non si trova in quella purezza in cui fu creata, constatando questo impedimento che può essere rimosso solo per mezzo del Purgatorio, volentieri e senza indugio vi si butta dentro.

E se non trovasse questo ordine predisposto per eliminare quell'impedimento, nel medesimo istante sorgerebbe in lei un Inferno peggiore del Purgatorio perché l'anima si vedrebbe separata da Dio, che è tanto importante da non preoccuparla il Purgatorio, anche se, come dicevamo, è simile all'inferno: ma di fronte a questo il Purgatorio è niente.

14. Voglio dire anche che mi accorgo che per disposizione di Dio il Paradiso non ha alcuna porta e se qualcuno vuole entrare può farlo, perché Dio è somma misericordia ed è rivolto verso di noi con le braccia aperte per accoglierci nella sua gloria.

Ma vedo pure che quella divina essenza è di tanta purezza e candore, molto più di quanto l'uomo possa immaginare, che l'anima con una minima imperfezione come un granello di sabbia preferirebbe gettarsi in uno o anche mille Inferni, piuttosto che trovarsi davanti a Dio con quella piccolissima macchia.

Vedendo allora che il Purgatorio, come più volte si è detto, è stato predisposto per mondare quella macchia, vi si getta dentro e le sembra di usufruire di una grande misericordia per eliminare ogni impedimento.

15. Non c'è lingua che possa spiegare né mente capire di quanta importanza sia il Purgatorio. Io comunque lo vedo luogo di tanta sofferenza come l'Inferno; tuttavia vedo che l'anima, che interiormente sente dentro una minima macchia, lo accoglie come un gesto di misericordia, come già detto, giudicandolo niente rispetto a quella macchia che ostacola il suo amore.

Mi è sembrato pure di vedere che le anime del Purgatorio soffrono più nel vedere in se stesse qualcosa che dispiace a Dio e che se la sono procurata volontariamente calpestando l'infinita bontà divina, che per qualsiasi tormento che possono trovare là. Lo dico perché esse, trovandosi in stato di grazia, comprendono quanto sia grave ciò che impedisce di avvicinarci a lui.

16. Io comunico quello che ho potuto capire già in questa vita, ma si tratta di cose talmente alte che, in confronto a loro, ogni immagine, ogni parola, ogni sentimento, ogni pensiero, ogni opera buona, ogni affermazione della nostra esperienza mi sembrano piuttosto bugia che verità. Utilizzando tali parole mi sento molto confusa, che soddisfatta delle espressioni usate, perché non ne trovo di più alte. Perciò evito di parlare. [7]

Le cose che ho raccontato sono nulla rispetto a quello che percepisco con la mente: vedo infatti

[7] San Paolo per primo afferma che l'esperienza di Paradiso da lui provata non poteva esprimerla con corrispondenti parole umane (cf 2 Cor 12,3-4). Così affermeranno tutti i mistici, tra i quali citiamo la beata Camilla Battista Da Varano di Camerino (1458-1524) che scrive: "O padre

una corrispondenza così grande tra l'anima e Dio, il quale, non appena scopre in lei quella purezza in cui l'ha creata, le invia una sorta di attrazione, uno sguardo unitivo, con cui la lega e la attira a sé per mezzo di un fuoco d'amore capace di annichilire persino l'anima che è immortale, ed agisce trasformandola talmente in Dio, da non conoscere altro se non lui.

E la attira a sé e la infiamma continuamente e mai l'abbandona fino a quando non l'ha ricondotta al suo stato originario, cioè a quell'immacolato candore in cui fu creata.

17. Quando l'anima interiormente si vede attratta da Dio con amore tanto ardente, si sente tutta

mio, questa è una materia che quanto più ne dico, più ce ne sarebbe da dire; e quando avessi detto molto, in confronto a quello che ho sprimentato avrei detto niente" (vedi **Beata Camilla Battista da Varano, Autobiografia, cod. 8156** Editrice Shalom, cap. IX). La stessa beata Camilla Battista scrive di aver saputo da santa Caterina da Bologna che "gli angeli deputati alla custodia degli uomini non li abbandonano mai. Se le anime loro affidate vanno dopo la morte in Purgatorio, gli angeli custodi spesso le visitano e le confortano, le accompagnano fino alla loro entrata nella gloria dei beati. Gli angeli sempre amano di particolare amore le anime di cui sono stati custodi in terra. Solo i dannati sono abbandonati dagli angeli e lasciati nella mani del demonio" (*Visioni di santa Caterina da Bologna*).

liquefare per il calore di quell'infiammato amore del suo dolce Iddio, che sente traboccare dentro di sé. Allora comprende che Dio non cesserà di attrarla e portarla verso la completa perfezione, con tanta cura e impegno e in continuazione e solo per amore.

Tutta la pena delle anime nel Purgatorio consiste in questo: poiché Dio mostra loro nella propria luce quelle cose, esse si trovano impedite nell'assecondare l'attrazione divina, cioé lo sguardo che Dio rivolge a loro per attirarle a sé. Alla luce divina esse si vedono appesantite, mentre per istinto vorrebbero essere senza impedimento per poter essere attirate da quel divino sguardo.
Non soffrono per la loro pena, che di per sé è già grandissima, ma soffrono per la condizione in cui si trovano, contraria al volere di Dio: che invece vedono chiaramente infiammato dal massimo e puro amore verso di loro da attirarle così fortemente con quel suo sguardo unitivo, che sembra non avere altra preoccupazione se non questa.

Perciò l'anima, di fronte a questo, se trovasse un altro Purgatorio che la potesse liberare più velocemente da quell'impedimento, ci si butterebbe, tanto è la potenza dell'amore che l'anima prova, simile a quello di Dio.

18. Vedo anche procedere da quel Divino Amore verso l'anima alcuni raggi e vampe infuocate, così penetranti e potenti come se dovessero annientare non solo il corpo ma anche l'anima, se ciò fosse possibile. [8]

Questi raggi compiono due effetti nell'anima, cioè prima la purificano, poi l'annientano. Pensa all'oro che più lo fondi e più diventa puro e quanto più lo puoi fondere tanto più togli in esso ogni impurità: è il fuoco che produce questo effetto nelle cose materiali. Ora l'anima non può annullarsi in Dio ma soltanto in se stessa e quanto più viene purificata, tanto più si annienta in se stessa, ma resta in Dio purificata.

Come l'oro puro a ventiquattro carati non si consuma ulteriormente, per quanto tu cerchi di aumentare la fiamma che a quel punto può bruciare soltanto residue imperfezioni, così il fuoco divino agisce nell'anima: Dio la tiene immersa nella fiamma che cancella ogni imperfezione finché raggiunga i ventiquattro carati, ciascuna anima

[8] Queste parole di santa Caterina da Genova richiamano alla mente la visione avuta da santa Faustina Kowalska il 22 febbraio 1931: "Vidi il Signore Gesù vestito di una veste bianca: una mano alzata per benedire, mentre l'altra toccava sul petto la veste, che ivi leggermente scostata lasciava uscire due grandi raggi, rosso l'uno e l'altro pallido" e la spiegazione che Gesù le diede: "Le fiamme della Misericordia mi divorano; voglio riversarle sulle anime degli uomini" (*Diario della beata suor Faustina Kowalska*, Città del Vaticano, 1996, pp. 26-27).

secondo il suo grado [9].

Quando poi si è purificata, l'anima resta tutta in Dio, senza alcunché di proprio, perché la purificazione dell'anima consiste nella privazione di noi a noi stessi [10], perché il nostro vero essere è Dio. Dopo che Dio ha riportato l'anima a lui, cioé alla purezza di ventiquattro carati, questa resta impassibile, perché in lei non c'è più qualcosa da consumare [11].

E anche se quest'anima ormai purificata fosse tenuta ancora tra le fiamme, non le sarebbe penoso, al contrario le sarebbe fuoco di amore divino che dona vita eterna. Proprio come le anime beate che potrebbe stare in tale condizione (di beatitudine) anche in questa vita, se potessero starci con il

[9] Potrebbe sembrare un castigo e quindi non consono all'Amore Divino questo purificare l'anima col fuoco: ma è il fuoco dell'amore stesso di Dio, non materiale né punitivo, che compie la purificazione dell'anima dalle scorie del peccato e la stessa persona che si trova in questa situazione, come diceva sopra la santa, vuol essere purificata per presentarsi nuova davanti alla divina santità e capace di vedere Dio.

[10] È la vera spogliazione da ogni forma di egoismo.

[11] Caterina vuol dire che l'anima è ormai assorbita totalmente in Dio, la sua volontà coincide con quella divina e perciò non le interessa altro, mentre quando era in terra si perdeva dietro se stessa o persone o cose allontanandosi da Dio.

corpo: ma non credo che Dio trattenga mai queste anime sulla terra, salvo che per qualche grande scopo.

19. L'anima è stata creata capace di raggiungere tutte le perfezioni se vive secondo l'ordine di Dio e non si contamina con alcuna macchia di peccato. Ma dopo essersi contaminata col peccato originale e poi con quello attuale, perde i doni e le grazie che aveva, restando come morta: solo Dio, allora, può ridarle la vita.

Dopo essere resuscitata con il Battesimo, le resta la cattiva tendenza che la inclina e, se non oppone resistenza, la conduce al peccato attuale, così di nuovo muore. Allora Dio le ridà vita con un'altra grazia speciale, però l'anima è imbrattata e avvolta nel suo egoismo che per tornare allo stato originario in cui Dio l'ha creata sono necessarie tutte quelle operazioni divine, senza le quali l'anima non potrebbe ritornare nella prima condizione in cui fu creata.

E quando l'anima è in cammino per ritornare alla sua condizione primitiva, prova talmente il desiderio di unirsi a Dio che questo è il suo Purgatorio. Essa non riesce a riconoscere il purgatorio come tale, ma quell'impulso ardente e insieme frenato è per lei Purgatorio.

Quest'ultima operazione dell'amore viene compiuta solo in assenza del corpo, perché l'anima possiede molte imperfezioni nascoste, che se la persona le potesse vedere durante la vita, vivrebbe disperata. Ma proprio questo ultimo atto d'amore va consumando le imperfezioni e Dio gliele mostra solo quando sono ormai annientate, affinché l'anima si renda conto dell'opera divina che le sta procurando il fuoco d'amore e che annienta tutto ciò che deve essere consumato [12].

20. Infatti ciò che l'uomo giudica perfezione, di fronte a Dio non è che difetto, perché ogni suo atto che pure gli sembra buono, come vedere, sentire, capire, decidere o ricordare, lo porta ad imbrattarsi; perché una azione sia perfetta, bisogna che sia effettuata in noi senza di noi e che l'opera di Dio

[12] Durante la vita terrena l'uomo, con le varie grazie divine, può vedere il bene ed impegnarsi a raggiungerlo. Alcune persone corrispondono all'opera della grazia, tra queste la Vergine Maria che ha corriposto al massimo. In coloro che non hanno corrisposto totalmente, l'azione divina suscita l'aspirazione ad unirsi a Dio e il correlativo desiderio di purificazione e di amore sempre più generoso: questo è ciò che la santa indica come Purgatorio durante la vita nel corpo. Poiché molti, disattenti alle attrattive divine o spiritualmente fragili, non fanno penitenza durante la vita ma muoiono pentiti, Dio concede la vera totale purificazione oltre la vita terrena, quando l'uomo non può più acconsentire a un difetto o a una minima imperfezione.

sia fatta da Dio senza partecipazione dell'uomo [13].

Questa è l'opera che Dio compie da solo, durante quest'ultima azione dell'amore puro e perfetto. Per questo penetra nell'anima e la arroventa a tal punto che il corpo in cui è posta sembra agitarsi fortemente, come se si trovasse in un fuoco vivo che non lo lasciasse più tranquillo fino alla morte. Come mi sembra di capire, l'amore di Dio che trabocca nell'anima le dona una gioia inesprimibile, ma alle anime che sono nel Purgatorio questa felicità non toglie nemmeno una scintilla di sofferenza. Infatti l'amore che provano ma che viene frenato costituisce la loro pena, tanto più grande quanto è la perfezione di quel sentimento di cui Dio le ha rese capaci. Di conseguenza le anime nel Purgatorio provano una gioia grandissima e una sofferenza grandissima, senza che l'una escluda l'altra [14].

[13] L'anima, per compiere un atto d'amore purissimo, deve spogliarsi da tutto ciò che è umano, il che è difficilissimo. È Dio solo che può compiere un vero atto d'amore; egli lo fa anche con quelle persone che hanno lasciato la vita nel corpo le quali, perciò, sono ormai in grado di accoglierlo senza imbrattarlo.

[14] Siamo ancora di fronte ad espressioni che sembrano contraddirsi: perché l'amore che Dio riversa nell'anima purgante procura "una gioia inesprimibile" e contemporaneamente "non toglie nemmeno una scintilla di sofferenza"? Perché "l'amore che provano... viene frenato" e

21. Se potessero purificarsi con il pentimento, pagherebbero in un solo istante tutto il loro debito, tanto profondo sarebbe l'impeto di contrizione suscitato dalla chiara visione del peso di quell'impedimento che le ostacola. Ma di quel debito non viene condonata nemmeno una scintilla, perché la divina giustizia ha stabilito così.

L'anima, da parte sua, non può più scegliere, per cui non può vedere se non quello che vuole Dio, né vorrebbe vedere altro, perché così è stabilito da Dio.

22. Se poi coloro che vivono nel mondo offrono qualche elemosina che abbrevia la durata della sua pena (= il suffragio), essa non può con gratitudine voltarsi a guardarla, ma lascia che sia Dio ad agire per ricompensare come vuole: se infatti l'anima potesse volgere altrove lo sguardo sarebbe una proprietà (= un gesto di libera scelta) che la distoglie-

così procura loro pena? La risposta è che l'Amore Divino è infinito e pertanto efficace, ma non è Dio che frena o ritarda l'effetto purificatore del suo amore bensì la condizione dell'anima, la quale, avendo ancora della "ruggine" prodotta dai peccati commessi in vita, non è capace di accogliere totalmente l'Amore Divino. Da qui il senso di sofferenza contemporaneo alla gioia, sofferenza, come dice la santa, tanto più grande quanto più è avanzato il sentimento amoroso di cui Dio le ha rese capaci fino a quel momento.

rebbe dalla visione del volere divino, cosa che sarebbe per lei un Inferno.

Queste anime stanno immobili nel Purgatorio accogliendo tutto quello che Dio dona loro, sia i piaceri che le pene; e non possono più riflettere su se stesse, tanto è intima in loro la volontà di Dio da trasformarle, felici di ciò che Dio dispone [15].

23. Se un'anima venisse presentata al cospetto di Dio con un'ora ancora da purgare, le si farebbe un'offesa cagionandole una sofferenza più grande di dieci Purgatori, perché la somma giustizia e la pura bontà divina non potrebbero sopportare quella vista che, di fronte a Dio, sarebbe sconveniente.

Sarebbe anche intollerabile per l'anima accorgersi che Dio non è pienamente soddisfatto di lei, anche se le mancasse da scontare un solo batter di ciglia, e per togliersi ogni macchia si getterebbe subito in mille Inferni, se fosse possibile, piuttosto che rimanere ancora non del tutto purificata al cospetto di Dio.

24. Ora, vedendo chiaramente queste cose alla luce divina, avrei voglia di fare un grido così forte che

[15] Chi ha lasciato la vita terrena non può più scegliere tra il bene e il male, perciò chi è in stato purgativo non può volere diversamente da Dio, la cui volontà è perfetta, orientata esclusivamente al bene. Per questo l'anima gioisce del bene che Dio manifesta con quanto ha disposto e dispone per lei.

riuscisse a spaventare tutti gli uomini di questo mondo e dire loro: O miseri, che vi lasciate accecare da questo mondo e non vi preoccupate affatto di una cosa importante e inevitabile a cui andate incontro! Ve ne state tutti tranquilli sotto la speranza della misericordia di Dio, dicendo che essa è davvero grande: ma non capite che tanta bontà divina sarà una testimonianza contro di voi, proprio perché avete agito contro la sua volontà? La bontà divina ci deve stimolare a compiere la sua volontà e non a sperare di fare il male impunemente! Non manca, infatti, anche la sua giustizia che, in qualche modo, si deve realizzare pienamente.

Non ti fidare, pensando: "Mi confesserò, poi prenderò l'indulgenza plenaria e così sarò purificato da tutti i miei peccati!". Rifletti: la Confessione e la contrizione necessarie per ottenere l'indulgenza plenaria, sono così difficili da conquistare, che se te ne rendessi conto tremeresti di paura e perderesti la tua sicurezza di riuscire ad ottenerla.

25. Io vedo ancora quelle anime, immerse tra le pene del Purgatorio, ricevere due effetti dell'azione divina.

Il primo è che esse volentieri soffrono quelle sofferenze, convinte che Dio abbia compiuto un grande gesto di misericordia rispetto a quello che meritavano e rendendosi conto della sua maestà. Infatti se la sua bontà non mitigasse con la misericordia la giustizia, che si soddisfa con il sangue di Gesù Cristo, anche un solo peccato meriterebbe una pena eterna corrispondente a mille inferni. Nel vedere, invece, la grande misericordia loro concessa, esse accettano volentieri la pena ricevuta e non la diminuirebbero di un solo carato, sapendo di meritarla giustamente secondo la perfetta disposizione divina; e non si lamentano di Dio essendo la loro volontà come se vivessero già nella vita eterna [16].

Il secondo effetto è che sentono una certa gioia nel vedere la divina disposizione con la quale Dio opera con l'amore e la misericordia verso le anime. Dio imprime nella loro mente queste due visioni in un solo istante, di modo che, essendo esse in grazia, le comprendono in maniera autentica secondo la capacità personale. Così non viene mai a mancare la gioia che ne deriva e che, anzi, cresce avvicinandosi sempre più a Dio.

Le anime non vedono queste cose dentro se stesse né per merito loro, ma le vedono in Dio, al quale rivolgono maggiore attenzione piuttosto che alle pene che patiscono, poiché lo ritengono più importante. Questo perché la visione di Dio, per quanto possa essere limitata, supera ogni pena e gioia che

[16] Come si diceva nella nota precedente, la loro volontà è perfettamente conforme a quella divina, così come avviene per chi ha già raggiunto lo stato di gloria.

l'uomo possa provare; ma anche se le supera, non toglie loro nemmeno una scintilla di pena o di felicità.

26. Questo cammino di purificazione che vedo per le anime del Purgatorio lo sento alla stessa maniera interiormente, soprattutto da due anni, e ogni giorno lo vedo e sento più chiaramente. Sento infatti la mia anima stare nel corpo come in un Purgatorio, il quale diventa sempre più simile al vero Purgatorio, nella misura però in cui il corpo lo possa sopportare, affinché non perisca; tuttavia va sempre crescendo, finché il corpo non morirà.

Io vedo il mio spirito alienato da tutte le cose immateriali che gli possono dare sostegno, ad esempio l'allegria o la consolazione, che lo potrebbero saziare. Egli non può gustare qualsiasi cosa spirituale né per decisione della volontà, né per riflessione dell'intelletto, né per sforzo di memoria in modo che io possa dire: "Questa cosa mi piace più di quell'altra".

27. La mia parte interiore si trova come paralizzata, tutte quelle cose che rallegravano la vita spirituale o fisica le sono state tolte a poco a poco. Una volta tolte, il mio spirito ha capito che erano tutte cose di consolazione e, proprio per questo, le allontana senza alcuna riserva. Infatti lo spirito ha in sé questo istinto di eliminare ogni cosa che impedisce la sua perfezione e lo fa anche con crudeltà pur di realizzare il suo scopo, tanto che sarebbe disposto perfino a mettere il suo corpo all'Inferno [17].

Perciò sottrae all'uomo interiore tutte quelle cose che lo possono nutrire e lo assedia così sottilmente che non lascia filtrare la minima briciola di conforto che, appena veduta, è da lui aborrita.

Per questo motivo dentro l'anima (di Caterina) cresceva l'assedio e non poteva sopportare che quelle persone che la frequentavano e che parevano già sulla via della perfezione, si consolassero con qualcosa. E quando le scorgeva intente a godere di un cibo che già lei aveva allontanato, lasciava quel posto per non vederle, specialmente se erano persone a lei care.

28. Quanto al corpo, poiché mancava la corrispondenza con lo spirito, (Caterina) si sentiva talmente assediata da non trovare sulla terra cosa alcuna che la potesse confortare secondo l'umano istinto. Altro sostegno non le restava che Dio, il quale opera con grande amore e misericordia per dare compimento alla sua giustizia; accorgendosi di questo le sorgeva una grande gioia e insieme una grande pace.

[17] Nel *Dialogo* Caterina afferma che l'amore puro rigetta anche le consolazioni spirituali. Lei infatti stava vivendo questa situazione.

Ma non per questo lei esce di prigione, né lei cerca di uscirne, fino a quando Dio non abbia compiuto tutto ciò che è necessario. La sua felicità sta nel vedere che Dio è soddisfatto e non le si potrebbe dare pena più grande che quella di porsi fuori della volontà divina, tanto la vede giusta e ricca di misericordia. E diceva: Sto vedendo e sperimentando tutte queste cose, ma non riesco a trovare parole adatte per esprimere quanto vorrei dire. Quello che ho detto, lo sento agire interiormente, nello spirito.

29. La prigione nella quale mi sembra di stare è il mondo, le catene sono il corpo; l'anima, illuminata dalla grazia, conosce bene queste cose e sa quanto costa essere privati (del proprio fine, cioé della visione di Dio) oppure trattenuti nel cammino verso il proprio fine. Essa è molto fragile, ma Dio, per grazia, le dona una certa dignità che la unisce a sé, cioè la rende simile a lui partecipandole la sua bontà [18].

[18] È ciò che i santi Padri orientali chiamano "divinizzazione dell'uomo", al quale la Santissima Trinità dona quell'amore che circola tra le tre divine Persone, per cui l'uomo è fatto partecipe della natura divina come troviamo in *2 Pietro 1,4*: "Ci ha donato i beni grandissimi e preziosi che erano stati promessi, perché diventaste per mezzo loro partecipi della natura divina". Il dono ci è fatto già in questa vita attraverso i sacramenti, ad inizia-

Di conseguenza, come è impossibile che Dio possa provare qualche pena, così quelle anime che si avvicinano a lui partecipano tanto del suo essere quanto più si avvicinano a lui. Perciò il ritardo che deve subire un'anima le causa sofferenza; questa pena e questo ritardo non è una proprietà che essa possiede per natura.

Queste cose le vengono mostrate per grazia, ma non potendole ancora ottenere pur essendone capace, le resta una sofferenza tanto grande quanto la stima che ha per Dio per quanto a un'anima è dato di conoscere e di apprezzare.

La conoscenza e la stima, poi, aumentano man mano che essa si purifica dal peccato, perciò l'ostacolo diventa sempre più insopportabile, finché l'anima resta tutta raccolta in Dio e, libera da ogni impedimento, lo può conoscere senza errore.

re dal Battesimo, fino all'unione con Dio dopo la morte, come dice santa Caterina da Genova quando parla dell'istinto naturale che sospinge l'anima verso Dio o della attrazione di questi nei confronti dell'anima. È un gesto d'amore gratuito da parte di Dio, poiché la creatura umana non può avanzare alcun diritto. La sopra citata beata Camilla Battista Da Varano (vedi nota 7) lo riconosce con una semplicissima frase: "Tu, Signore, per grazia sei nato nell'anima mia" (vedi ***Dolori mentali di Gesù nella sua passione*, cod. 8284** Editrice Shalom, cap. VIII).

30. L'uomo, che pure preferisce farsi uccidere prima di offendere Dio, prova sofferenza nell'abbandonare questa vita, ma la luce divina gli infonde un tale zelo che gli fa mettere al primo posto l'onore di Dio che la propria morte fisica.

Allo stesso modo l'anima, conosciuto il piano divino, lo giudica molto più importante di tutti i tormenti spirituali o corporali per quanto terribili possano essere, proprio perché Dio, per il quale si compie quest'opera, è più grande di qualsiasi cosa che si possa immaginare o sperimentare.

L'anima, come ho già detto, non può più vedere né dire parole che riguardino se stessa o la causa della sua pena, ma conosce tutto in un solo istante e non dentro di sé, perché è così presa da Dio che, per quanto piccola possa essere quella presenza, la riempe talmente da allontanare ogni cosa, per cui non può pensare ad altro.

Dio libera da tutto ciò che è umano, il Purgatorio lo purifica.

Il meraviglioso segreto delle Anime del Purgatorio

Cosa dice la Chiesa

Il Purgatorio secondo la Chiesa

UN ARGOMENTO DIMENTICATO

In passato si sentiva spesso parlare dal pulpito di "novissimi". Ora se ne parla sempre meno. Si sente parlare di problemi sociali, politici, economici..., ma non più dei problemi fondamentali dell'esistenza umana, come sono appunto i "novissimi" *(vedi pag. 89)*.

Forse, senza volere, siamo scivolati nel materialismo e nell'ateismo pratico. È avvenuto al nostro Cristianesimo quel che avviene alle capanne africane: le termiti ne rodono i pali di sostegno, lasciando pressoché intatto l'esterno.

Basta un colpo di vento per farle crollare.

Certe concezioni filosofiche, che sono in netto contrasto con la Fede Cattolica, la Sacra Scrittura, la Tradizione e l'insegnamento della Chiesa, come l'evoluzionismo, l'immanentismo, ecc. sono le termiti che hanno roso il midollo della nostra Fede. Pensiamo molto alle cose di questo mondo: la salute, il benessere, alcune doverose, la giustizia sociale, il problema dei poveri, degli emarginati, degli immigrati, e dimentichiamo le cose essenziali della nostra Fede, come, per esempio, che siamo su questa terra di passaggio.

Quando viene a mancare la Fede, si ritorna al paganesimo e alle superstizioni, si diventa schiavi delle ideologie filosofiche, politiche e delle sette religiose; si perde la fiducia nella Chiesa e negli uomini che la rappresentano, i quali, buoni o cattivi che siano, non agiscono per conto loro, ma a nome di Cristo e a lui dovranno un giorno rendere conto; si ricorre ai maghi, ai cartomanti, ai fattucchieri, che ci spillano quattrini fino all'ultimo centesimo e ci lasciano più ammalati, confusi, angosciati di prima.

Quando si trascura la Confessione, invece che dal sacerdote, si va dallo psichiatra, dallo psicoanalista e intanto diventiamo sempre più nevrotici, irritabili, ansiosi.

Tutto questo succede quando non mettiamo Dio al primo posto nella nostra vita.

Dicevamo che in passato si sentiva spesso parlare di "novissimi".

"Novissimus" in latino significa "ultimo". I "novissimi" sono appunto gli ultimi avvenimenti dell'esistenza umana sulla terra, cioè la Morte, il Giudizio, l'Inferno e il Paradiso.Tra il Giudizio e il Paradiso la Chiesa Cattolica da sempre ha creduto che vi sia anche uno stato ultraterreno intermedio in cui le anime di coloro che sono morti in grazia di Dio, ma non del tutto preparati, espiano e si purificano prima di salire in Cielo.

In altre parole, Dio ha creato l'uomo per amore, perché sia eternamente felice con lui e l'uomo dovrebbe corrispondere a questo amore, ringraziandolo a sua volta e amando le creature, soprattutto gli uomini suoi fratelli per amore di Dio. Invece il peccato lo ha reso egoista, come se fosse lui al centro di tutto.

Le creature dovrebbero aiutarlo a orientarsi verso Dio, invece, diventano un ostacolo al raggiungimento del fine per cui è stato creato.

Se questo ostacolo porta ad un rifiuto totale di Dio in favore delle creature, porta alla dannazione eterna; se si tratta di un rifiuto parziale e si muore senza avere pagato il proprio debito, il Purgatorio ci purifica.

1

Il Purgatorio secondo la Sacra Scrittura

ANTICO TESTAMENTO

La Bibbia non parla esplicitamente di Purgatorio, ma contiene vari testi che ne suggeriscono l'idea.

Perché non ne parla espressamente?... Forse perché l'uomo non era in grado di percepire, prima della venuta di Cristo, che cos'è la salvezza eterna.

Base della dottrina del Purgatorio è il concetto di responsabilità personale che troviamo già nel Vecchio Testamento, ma che diventa sempre più chiaro quanto più ci avviciniamo alla venuta di Cristo. Anche se il peccato viene rimesso, resta sempre una pena temporale da scontare.

Questa idea emerge chiara soprattutto dal celebre passo del *Secondo Libro dei Maccabei 12, 38-45* dove si racconta che all'indomani della vittoria su Gorgia, Giuda Maccabeo, raccogliendo i morti della battaglia, scoprì, sotto gli abiti dei caduti, oggetti idolatrici provenienti dal saccheggio di Iamnia. In questa grave trasgressione della Legge,

Giuda Maccabeo riconobbe la causa della morte dei soldati stessi e pertanto, *"fatta una colletta... per circa duemila dracme d'argento, le inviò a Gerusalemme perché fosse offerto un sacrificio espiatorio,... suggerito dal pensiero della risurrezione.*
Perché se non avesse avuto ferma fiducia che i caduti sarebbero risuscitati, sarebbe stato superfluo e vano pregare per i morti... Egli fece offrire il sacrificio espiatorio per i morti perché fossero assolti dal peccato".

Da questo passo emergono tre punti fondamentali per la riflessione teologica sul Purgatorio:

1. Giuda esprime la fede sua, e del suo popolo, nell'esistenza di un luogo ove le anime degli uomini pii (credenti in Dio) si purificano dai peccati minori, o veniali, e nel fatto che il periodo di purificazione affrontato dalle anime è nella prospettiva della risurrezione;
2. l'importanza che ha la preghiera dei vivi a favore delle anime dei defunti, per liberarle al più presto dal luogo di purificazione;
3. l'approvazione esplicita che il testo sacro esprime sia nei confronti della Fede di Giuda, sia nell'utilità delle preghiere a favore delle persone defunte.

NUOVO TESTAMENTO

Nei Vangeli vengono riportate affermazioni di Gesú, esplicite o formulate con parabole, che gettano una luce definitiva su quello che è il destino ultraterreno dell'uomo; alcune possono essere interpretate in armonia con il passo citato dal *Secondo libro dei Maccabei*.

1. Anzitutto Gesù afferma ben chiaro che l'anima è immortale e che sopravvive al corpo:
"Non abbiate paura di quelli che uccidono il corpo, ma non hanno potere di uccidere l'anima; temete piuttosto colui che ha il potere di far perire e l'anima e il corpo nella Geenna...". *(Mt 10,28)*

2. Per quanto riguarda un luogo, o stato di purificazione, Gesù dice in una parabola:
"Mettiti presto d'accordo con il tuo avversario, mentre sei con lui per via, perché l'avversario non ti consegni al giudice e il giudice alla guardia e tu venga gettato in prigione. In verità, ti dico: non uscirai di là finché tu non abbia pagato fino all'ultimo spicciolo!". *(Mt 5,25-26)*

"Avversario" è colui col quale noi abbiamo debiti di qualsiasi genere, la *"via"* è la vita presente, la *"prigione"* è il luogo dove noi *"pagheremo fino all'ultimo spicciolo"*. Padri latini e greci hanno

visto in questa analogia una chiara allusione a un luogo o stato di purificazione prima della gloria finale, che fu poi chiamato *Purgatorio.*

3. Gesù ha anche detto: *"Qualunque peccato e bestemmia sarà perdonata agli uomini, ma la bestemmia contro lo Spirito non sarà perdonata. A chiunque parlerà male del Figlio dell'uomo sarà perdonato; ma la bestemmia contro lo Spirito non gli sarà perdonata né in questo secolo, né in quello futuro".* *(Mt 12,31-32)*

Da questa affermazione i Santi Padri hanno concluso che ci sono certi peccati che possono essere purificati nella vita futura, dopo la morte, cioè in *Purgatorio.*

4. Altro passo importante è quello contenuto nella *Prima Lettera di San Paolo ai Corinzi*:
"Nessuno può porre un fondamento diverso da quello che già vi si trova, che è Cristo Gesù. E se, sopra questo fondamento, si costruisce con oro, argento, pietre preziose, legno, fieno, paglia, l'opera di ciascuno sarà ben visibile: la farà conoscere quel giorno che si manifesterà col fuoco, e il fuoco proverà la qualità dell'opera di ciascuno".
(1 Cor 3, 11-13)

In questo passo l'apostolo san Paolo sembra affermare che, se siamo difettosi nel nostro operare, tutte le impurità verranno bruciate in uno stato o luogo che noi chiamiamo *Purgatorio.*

2

Il Purgatorio secondo il Catechismo della Chiesa Cattolica

LA PURIFICAZIONE FINALE O PURGATORIO

1030 Coloro che muoiono nella grazia e nell'amicizia di Dio, ma sono imperfettamente purificati, sebbene siano certi della loro salvezza eterna, vengono però sottoposti, dopo la loro morte, ad una purificazione, al fine di ottenere la santità necessaria per entrare nella gioia del Cielo.

1031 La Chiesa chiama *Purgatorio* questa purificazione finale degli eletti, che è tutt'altra cosa dal castigo dei dannati. La Chiesa ha formulato la dottrina della fede relativa al Purgatorio soprattutto nei Concili di Firenze e di Trento. La tradizione della Chiesa, rifacendosi a certi passi della Scrittura, parla di un fuoco purificatore. Per quanto riguarda alcune colpe leggere, si deve credere che c'è, prima del giudizio, un fuoco purificatore; infatti, Colui che è la Verità afferma che, se qualcuno pronuncia una bestemmia contro lo Spirito

Santo, non gli sarà perdonata né in questo secolo, né in quello futuro *(Mt 12, 3-1)*. Da questa affermazione si deduce che certe colpe possono essere rimesse in questa vita, ma certe altre solo nella vita *futura*.

1032 Questo insegnamento poggia anche sulla pratica della preghiera per i defunti, di cui la Sacra Scrittura già parla: *"Perciò* (Giuda Maccabeo) *fece offrire il sacrificio espiatorio per i morti, perché fossero assolti dal peccato"* (2 Mac 12, 45). Fin dai primi tempi, la Chiesa ha onorato la memoria dei defunti e ha offerto per loro suffragi, in particolare il Sacrificio Eucaristico affinché, purificati, possano giungere alla visione beatifica di Dio. La Chiesa raccomanda anche le elemosine, le indulgenze e le opere di penitenza a favore dei defunti.

1472 *Il peccato ha una duplice conseguenza.*
Il peccato grave ci priva della comunione con Dio e, perciò, ci rende incapaci di conseguire la vita eterna, la cui privazione è chiamata la "pena eterna" del peccato. D'altra parte, ogni peccato, anche veniale, provoca un attaccamento malsano alle creature, che ha bisogno di purificazione, sia quaggiù, sia dopo la morte, nello stato chiamato Purgatorio. Tale purificazione libera dalla cosiddetta "pena temporale" del peccato. Queste due pene non devono essere conce-

pite come una specie di vendetta, che Dio infligge dall'esterno, bensì come derivanti dalla natura stessa del peccato. Una conversione, che procede da una fervente carità, può arrivare alla totale purificazione del peccatore, così che non sussista più alcuna pena.

LA COMUNIONE DEI SANTI

953 Dopo aver confessato "la Santa Chiesa cattolica", il Simbolo degli apostoli aggiunge "la comunione dei santi". Questo articolo è, per certi aspetti, una esplicitazione del precedente: "Che cosa è la Chiesa se non l'assemblea di tutti i santi?". La Comunione dei santi è precisamente la Chiesa.

Nella "Comunione dei santi" *"nessuno di noi vive per se stesso e nessuno muore per se stesso" (Rm 14,7). "Se un membro soffre, tutte le membra soffrono insieme; e se un membro è onorato, tutte le membra gioiscono con lui. Ora voi siete corpo di Cristo e sue membra, ciascuno per la sua parte" (1 Cor 12,26-27). "La carità non cerca il proprio interesse" (1 Cor 13,5).* Il più piccolo dei nostri atti compiuto nella carità ha ripercussioni benefiche per tutti, in forza di questa solidarietà con tutti gli uomini, vivi o morti, solidarietà che si fonda sulla Comunione dei santi. Ogni peccato nuoce a questa Comunione.

954 *I tre stati della Chiesa.*
Fino a che il Signore non verrà nella sua gloria e tutti gli angeli con lui e, distrutta la morte, non gli saranno sottomesse tutte le cose, alcuni dei suoi discepoli sono pellegrini sulla terra, altri che sono passati da questa vita stanno purificandosi, altri infine godono della gloria contemplando "chiaramente Dio uno e trino, qual è".

958 *La Comunione con i defunti.*
La Chiesa di quelli che sono in cammino, riconoscendo benissimo questa Comunione di tutto il corpo mistico di Gesù Cristo, fino dai primi tempi della religione cristiana ha coltivato con una grande pietà la memoria dei defunti e, poiché *"santo e salutare è il pensiero di pregare per i defunti perché siano assolti dai peccati" (2 Mac 12,45)*, ha offerto per loro anche i suoi suffragi. La nostra preghiera per loro può non solo aiutarli, ma anche rendere efficace la loro intercessione in nostro favore.

3

Il Purgatorio nella Tradizione Cattolica

NEI PRIMI SECOLI DEL CRISTIANESIMO

Gli antichi Greci e Romani chiamavano *necropoli,* cioè *"città dei morti"* il luogo dove seppellivano i loro morti. I primi cristiani, invece, fin dagli inizi del Cristianesimo, non chiamavano più quel luogo *necropoli,* ma *cimitero,* dal greco *"koimeterion",* che significa *"dormitorio"*. Era un atto di fede nell'immortalità dell'anima.

I pagani antichi avevano una certa idea della sopravvivenza delle anime, ma le immaginavano come *"larve",* cioè *"ombre"* o *"fantasmi"*, che abitavano gli *"inferi"*, cioè le parti inferiori della terra (nella religione cristiana poi inferi, o inferno, è passato a significare il luogo di coloro che muoiono in disgrazia di Dio: con il suo primo significato la parola rimane nel *"Credo"*).

Le catacombe, dal greco-latino *"katacumba",* che significa "cavità sotterranea", erano un complesso cimiteriale sotterraneo dei primi cristiani i quali, durante le persecuzioni, oltre che a seppellirvi i loro morti, vi celebravano l'Eucaristia lontano dagli occhi indiscreti dei pagani.

Già da allora per il riposo eterno delle anime dei defunti veniva celebrata l'Eucaristia, si innalzavano preghiere, si compivano opere buone e si pregavano le stesse anime perché venissero in aiuto di coloro che erano ancora in cammino verso l'eternità.

La sepoltura dei cristiani era chiamata *"depositio"*, cioè *"affidamento"* riferito a qualcosa di temporaneo. Il termine *"depositio"* era, secondo il diritto romano, l'opposto di *"donatio"*, cioè "*donazione*", quando una cosa veniva data per sempre.

Sant'Agostino, qualche tempo dopo, approfondendo la riflessione sull'utilità delle preghiere per i defunti, afferma:

"Non vi è motivo, tuttavia, di dubitare che le anime dei defunti non traggano sollievo dalle preghiere dei congiunti ancora in vita, quando viene offerto per loro il Sacrificio del Mediatore o vengono distribuite elemosine in Chiesa. Queste opere, però, servono soltanto a coloro che, da vivi, hanno meritato... Anche se alcuni saranno salvati per mezzo del fuoco (nel Purgatorio)*, tale fuoco sarà più terribile di tutto quanto un uomo possa patire in questa vita".* *(Commento al Salmo 37)*

Sant'Agostino, inoltre, sviluppa la concezione che la preghiera di intercessione non avviene soltanto in direzione ascendente (cioè dai vivi ai morti), ma anche in senso inverso:
"Tutti siamo peccatori; tutti conduciamo una vita nella qule si può peccare; da questa vita tutti noi ce ne dovremo andare. Giacché Dio sarà tanto misericordioso con te, quanto tu sarai stato misericordioso con il prossimo; tanto riceverai nell'altra vita, quanto dai nella presente. Prega dunque per i defunti, affinché quando saranno nella vita eterna non dimentichino di pregare per te...". *(Sermone 44)*

DUE CONCEZIONI SOSTANZIALMENTE IDENTICHE

Il pensiero cristiano, guidato dalla Chiesa, giunse alla formulazione esplicita della dottrina sul Purgatorio su una duplice direzione: *"purificazione"* ed *"espiazione"*.

Tanto in Oriente, come in Occidente, dalle origini fino ad oggi, tutti i teologi sono stati concordi nell'affermare il valore delle preghiere, delle buone opere e soprattutto del Sacrificio Eucaristico che chiamavano già *"suffragi"*, per i fedeli defunti, e hanno formulato la concezione del Purgatorio. La parola *"Purgatorio"* viene dal verbo latino *"purgare"*, che significa rendere puro, cioè non mescolato o contaminato, e significa *"luogo"*, o *"stato"* di purificazione.

"Suffragio" viene dal verbo *"suffragare"*, che significa *"aiutare"*, *"favorire"*, *"giovare"*. In questo caso significa raccomandare a Dio, con preghiera e sacrifici, l'anima dei morti.

L'idea di *"purificazione"*, che si ricollega alla *1 Cor 3, 10-17*, legata alla concezione giudaica, si sviluppò soprattutto in Oriente. La concezione di *"espiazione"* cioè di pagamento del debito contratto con la Giustizia Divina, fondata su *Mt 5, 25-26*, si sviluppò soprattutto in Occidente e si concluse con la concezione del luogo tenebroso *(carcere)*, dove si scontano le pene dovute ai peccati *("pagherai fino all'ultimo spicciolo")* e donde con l'aiuto delle preghiere e dei sacrifici dei vivi, si può uscire prima.

Si tratta di angolature diverse, basate su un linguaggio che si serve di analogie diverse, ma la sostanza si ricollega sempre alla Sacra Scrittura ed è, sostanzialmente, identica.

IN CHE COSA CONSISTE IL PURGATORIO

In sostanza, il maggiore tormento delle anime è quello della privazione della visione di Dio. Infatti, le anime con la morte divengono libere dal peso della carne che attutisce la percezione del trascendente e aggrava lo spirito. Lontano dalle illusioni terrene, dal tumulto delle passioni, dalle dissipazioni della vita, le anime del Purgatorio conoscono ora la preziosità della visione intuitiva di Dio in modo immensamente superiore a quello delle anime più pure di questo mondo. Esse concentrano la loro contemplazione, non interrotta da distrazioni e da svaghi, sugli attributi di Dio e concepiscono un indicibile desiderio di vederne l'essenza.

Il cristiano, infatti, porta in sé l'impronta del Figlio *(carattere)* e nella sua anima stessa l'immagine del Padre *(figli adottivi, eredi del Paradiso per grazia)* e sente una forza irresistibile, come una spinta verso Dio; ma l'impetuoso slancio è contrastato dal limite angusto della prigione che lo rinchiude, dal triplice fardello che grava sul loro spirito: la pena temporale *(dovuta ai peccati gravi perdonati),* i peccati veniali non rimessi e le cattive inclinazioni contratte nella vita terrena.

Noi sappiamo che la nostra perfezione consiste nell'amore: amare Dio e i fratelli. Tutte le volte che noi dimentichiamo Dio, o i fratelli, per soddisfare il nostro egoismo, noi commettiamo un peccato, che deve essere espiato e bruciato nelle cosiddette fiamme del Purgatorio.

IL FUOCO DEL PURGATORIO

Il *"fuoco"* del Purgatorio è ritenuto vero da tutta la Tradizione Latina, anche se non ne possiamo conoscere la natura. È un misterioso strumento con cui Dio completa l'opera di purificazione e soddisfa alle esigenze della sua Giustizia. La pena del fuoco accresce i tormenti delle anime.

Il problema è che non abbiamo parole adatte per esprimere questi concetti. Quando pensiamo, ad esempio, alla Giustizia di Dio, subito pensiamo che Dio sia vendicativo. In realtà non è così; non è Dio che agisce, che ci punisce, ma siamo noi che sentiamo il bisogno di purificarci; Dio ancora non ci può ricevere, perché non siamo *"puliti"* abbastanza. In ogni peccato, anche rimesso, non solo ci fu un allontanamento da Dio, che viene per così dire *"purificato"* con il ritardo della visione beatifica, ma anche un indebito accostamento alle cose create, che deve essere riparato con una sofferenza che emana da quelle stesse cose, di cui l'uomo ha usato e abusato *(pena del contrappasso)*.

Le anime espiano le conseguenze del peccato *(pene temporali)* non imponendosi, ma accettando da Dio le sofferenze del Purgatorio. Questa accettazione, pur essendo passiva e non meritoria, non si può dire totalmente involontaria, perché un sacro ardore di penitenza le investe.

Le pene del Purgatorio sono proporzionate ai peccati e alle imperfezioni di ciascuno secondo la conoscenza che ognuno ha avuto, e pertanto sono diverse.

Come tra i beati non è possibile trovarne due la cui storia terrena sia stata identica, così non si troveranno nel Purgatorio due anime che soffrono la stessa pena.

Le anime, più che nel volto, conservano la loro inconfondibile fisionomia nella perfezione che hanno raggiunto, in modo che nessuna è uguale all'altra.

IL PURGATORIO È UNO STATO, PIÙ CHE UN LUOGO

Da sempre la Chiesa, basandosi sulla Sacra Scrittura, ha creduto all'esistenza del Purgatorio, il quale, più che un luogo, è uno stato interiore, che sfugge alla nostra percezione, in modo che è difficile dire che cosa sia.

Questo stato comporta una condizione di sofferenza che purifica le anime da quel che rimane del loro attaccamento disordinato al mondo e alle cose che hanno lasciato.

Con la morte si esce dal tempo e dallo spazio. Per questo motivo non si potrebbe parlare di luogo, ma di stato o condizione. Tuttavia, la purificazione comporta anche un prima e un dopo; di modo che c'è una certa successione di cose che si potrebbe chiamare tempo.

Siccome del mondo dell'aldilà non possiamo avere un'esperienza diretta, perché non può cadere sotto i sensi, la Chiesa non ci può dire niente né del luogo, né della natura delle sofferenze.
Abbiamo accennato sopra al fuoco purificatore.
Quando si paragona il fuoco del Purgatorio al fuoco materiale, possiamo pensare che vi è la stessa differenza che esiste tra un fuoco pitturato e un fuoco reale.

Sant'Agostino dice: *"Le anime, dopo la morte,*

sono penetrate da un fuoco ardentissimo che mente umana non può concepire". E aggiunge: *"Benché questo fuoco sia destinato a purificare l'animo, è più doloroso di qualunque cosa si possa sopportare sulla terra"*.

Tuttavia, dobbiamo anche notare che il fuoco del Purgatorio non è solo sofferenza, ma deve essere anche gioia. Lo dice santa Caterina da Genova: *"Io non credo sia possibile trovare una gioia simile a quella di un'anima del Purgatorio, tranne la gioia delle anime benedette del Paradiso, gioia che continua ad accrescere di giorno in giorno, fintanto che Dio fluisce nell'anima sempre più. Egli opera questo abbondantemente, in proporzione degli ostacoli che impediscono il suo ingresso"*.

Le anime del Purgatorio non sono, come spesso si dice, *"povere"*: sono ricche d'amore, di gioia, speranza per il Paradiso assicurato e per la risurrezione futura dei corpi.

Anche se il Purgatorio è uno stato di sofferenza, non lo è di disperazione. Infatti, è con indicibile gratitudine che l'anima vi entra perché sa che è come entrare nell'anticamera del Paradiso.

Per quanto riguarda le pene, è un altro discorso.

Alcuni santi fanno delle affermazioni sconcertanti: san Tommaso d'Aquino ci dice che le fiamme del Purgatorio sono simili a quelle dell'Inferno. Tale affermazione concorda con ciò che disse san Pio da Pietrelcina a Cleonice Morcaldi, sua figlia spirituale: *"Figlia mia, in certi posti il Purgatorio è come l'Inferno"*.

Tuttavia, trattandosi di uno stato e non tanto di luogo, non è da escludersi che la Giustizia di Dio possa anche permettere alle anime di portare a termine la loro purificazione esattamente nel luogo dove furono commesse le colpe della contaminazione dell'anima, come rivelano diversi episodi.

Ciò avviene per imperscrutabili motivi della volontà divina: non possiamo capire tutti i disegni di Dio, per cui usiamo dire che forse Dio permette l'espiazione in determinati posti solo per dare ai vivi qualche monito per un comportamento non sempre ligio alla Legge Divina e per favorire l'interscambio di aiuto tra vivi e defunti.

La purificazione dell'anima avviene tramite lo sconto di una pena, come già detto. L'anima, quindi, ama purificarsi, perché questo è il mezzo per arrivare al godimento di Dio.

In questo senso, come corollario al desiderio di purificazione, possiamo dire che l'anima ama le sue pene e, quindi, le relative sofferenze.

Certo, la durata fa parte della sostanza della pena stessa, perché in Purgatorio è solo un mezzo, nell'Inferno si tratta di un castigo senza fine; naturalmente le parole, i concetti che usiamo sono del tutto relativi e rapportati al nostro modo di vedere e di sentire le cose.

I mistici affermano altrettanto. Santa Caterina da Genova dice infatti: *"Le anime che si trovano in uno stato di purificazione sono in tali tormenti che non si possono descrivere a parole e di cui neppure l'intelligenza umana può avere la minima idea, a meno che Dio non lo manifesti con una grazia speciale"*.

4

L'insegnamento della Chiesa Cattolica

Lungo i secoli la Chiesa è intervenuta varie volte per affermare l'esistenza del Purgatorio ed esortare i fedeli ancora vivi sulla terra a pregare e suffragare i defunti.

Citiamo alcuni esempi.

Il papa san Gregorio III rispondendo nel 741 a San Bonifacio, apostolo della Germania, scriveva a proposito delle offerte per le intenzioni delle Sante Messe:

"La Santa Chiesa ritiene che chiunque può dare offerte per i defunti che furono cristiani, perché il sacerdote ne faccia memoria. Dal momento che tutti commettiamo peccati, è opportuno che il sacerdote faccia memoria dei cristiani morti e interceda per loro. Tuttavia questa disposizione non vale per gli empi, anche se erano cristiani...".

(Denzinger Schoenmetzer 586)

Questa risposta è una conferma che già fin dal 741 era antica tradizione che si celebrassero Messe in suffragio dei defunti, che si raccogliessero offerte per questo scopo e che, naturalmente, si crede nel Purgatorio.

Nel Concilio di Firenze del 1439 la Chiesa Cattolica, di fronte all'opposizione della Chiesa greca, ribadì l'esistenza del Purgatorio e definì tale realtà degna di fede per i suoi fedeli, dicendo:

"Se, (i fedeli) *avendo fatto veramente penitenza, moriranno nella carità di Dio prima d'aver soddisfatto con frutti degni di penitenza per i peccati..., le loro anime, dopo la morte, vengono purificate con* "pene purgatorie"*; e per essere liberate da queste pene, giovano loro i suffragi dei fedeli viventi, cioè il Sacrificio della Messa, le preghiere e le elemosine e le altre pratiche di pietà che si usano fare...".* *(Denzinger Schoenmetzer 693)*

Il Concilio di Trento del 1562, in opposizione ai protestanti, così decreta:
"Poiché la Chiesa Cattolica, istruita dallo Spirito Santo attraverso la Sacra Scrittura e l'Antica Tradizione dei Padri, ha insegnato nei Sacri Concili e recentissimamente, in questo Sinodo Ecumenico, che vi è il Purgatorio e che le anime in esso trattenute sono aiutate dai suffragi dei fedeli, ma principalmente dal Sacrificio dell'Altare... Il Santo Sinodo ordina ai vescovi che procurino con ogni diligenza che la Santa dottrina circa il Purgatorio, fin qui trasmessa... sia creduta dai fedeli cristiani, conservata, insegnata e predicata dappertutto".

(Denzinger Schoenmetzer 983)

Nel Concilio Ecumenico Vaticano II, i Padri Conciliari, al capitolo VII della costituzione dogmatica *Lumen Gentium*, hanno affermato:

A. Che il Purgatorio è uno dei tre stadi ecclesiali del Corpo Mistico di Cristo:

"Fino a che, dunque, il Signore non verrà nella sua gloria... alcuni dei suoi discepoli saranno pellegrini sulla terra, altri passati da questa vita, stanno purificandosi, e altri godono della gloria contemplando chiaramente Dio uno e trino, quale egli è; tutti però, sebbene in grado e modo diverso, comunichiamo alla stessa carità di Dio e del prossimo e cantiamo al nostro Dio lo stesso inno di gloria". *(LG 49)*

B. La realtà della Comunione dei santi e della loro intercessione a favore di quanti sono ancora pellegrini sulla terra:

"Tutti infatti quelli che sono di Cristo, avendo lo Spirito Santo, formano una sola Chiesa e sono tra loro uniti in lui" (cfr. Ef 4,16). *L'unione quindi dei pellegrini sulla terra con i fratelli morti nella pace di Cristo, non è minimamente spezzata, anzi, secondo la perenne fede della Chiesa, è consolidata dalla comunicazione dei beni spirituali* (LG 49).

C. La Tradizione della Chiesa di pregare per i defunti e di offrire suffragi:

"La Chiesa dei pellegrini sulla terra, riconoscendo benissimo questa Comunione con il Corpo Mistico di Gesù Cristo, fino dai primi tempi della religione cristiana, coltivò con grande pietà la memoria dei defunti, e "poiché santo e salutare è il pensiero di pregare per i defunti perché siano assolti dai peccati" *(2 Mac 12,45), ha offerto per loro anche suffragi... .* (LG 50)

5

La Catechesi di Papa Giovanni Paolo II

IL PURGATORIO: NECESSARIA PURIFICAZIONE PER L'INCONTRO CON DIO

In base all'opzione definitiva per Dio o contro Dio, l'uomo si trova dinanzi a una delle alternative: o vive con il Signore nella beatitudine eterna, oppure resta lontano dalla sua presenza.

Per quanti si trovano in condizione di apertura a Dio, ma in un modo imperfetto, il cammino verso la piena beatitudine richiede una purificazione, che la fede della Chiesa illustra attraverso la dottrina del "Purgatorio".

(cfr. Catechismo della Chiesa Cattolica, 1030-1032).

Nella Sacra Scrittura si possono cogliere alcuni elementi che aiutano a comprendere il senso di questa dottrina, pur non enunciata in modo formale. Essi esprimono il convincimento che non si possa accedere a Dio senza passare attraverso una qualche purificazione.

Secondo la legislazione religiosa dell'Antico Testamento, ciò che è destinato a Dio deve essere perfetto. In conseguenza, l'integrità anche fisica è particolarmente richiesta per le realtà che vengono a contatto con Dio sul piano sacrificale, come per esempio gli animali da immolare (cfr. Lv 22, 22) o su quello istituzionale, come nel caso dei sacerdoti, ministri del culto (cfr. Lv 21,17-23). A questa integrità fisica deve corrispondere una dedizione totale, dei singoli e della collettività (cfr 1 Re 8,61), al Dio dell'alleanza nella linea dei grandi insegnamenti del Deuteronomio (cfr. 6,5).

Si tratta di amare Dio con tutto il proprio essere, con purezza di cuore e con testimonianza di opere (cfr. ivi, 10,12s). L'esigenza d'integrità s'impone evidentemente dopo la morte, per l'ingresso nella comunione perfetta e definitiva con Dio. Chi non ha questa integrità deve passare per la purificazione.

Un testo di san Paolo lo suggerisce. L'apostolo parla del valore dell'opera di ciascuno, che sarà rivelata nel giorno del giudizio, e dice: "Se l'ope-

ra che uno ha costruito sul fondamento (che è Cristo) resisterà, costui ne riceverà una ricompensa; ma se l'opera finirà bruciata, sarà punito: tuttavia egli si salverà, però come attraverso il fuoco" (1 Cor 3,14-15).

Per raggiungere uno stato di perfetta integrità è necessaria talvolta l'intercessione o la mediazione di una persona. Ad esempio, Mosè ottiene il perdono del popolo con una preghiera, nella quale evoca l'opera salvifica compiuta da Dio in passato e invoca la sua fedeltà al giuramento fatto ai padri (cfr. Es 32, 30 e vv. 11-13).

La figura del Servo del Signore, delineata dal Libro di Isaia, si caratterizza anche per la funzione di intercedere e di espiare a favore di molti; al termine delle sue sofferenze egli "vedrà la luce" e "giustificherà molti", addossandosi le loro iniquità (cfr. Is 52,13-53, 12, spec. 53,11).

Il Salmo 51 può essere considerato, secondo la visuale dell'Antico Testamento, una sintesi del processo di reintegrazione: il peccatore, confessa e riconosce la propria colpa (v. 6), *chiede insistentemente di venire purificato o "lavato"* (vv. 4.9.12.16) *per poter proclamare la lode divina* (v. 17).

Nel Nuovo Testamento Cristo è presentato come l'intercessore, che assume in sé le funzioni del sommo sacerdote nel giorno dell'espiazione (cfr. Eb 5,7;7,25). *Ma in lui il sacerdozio presenta una configurazione nuova e definitiva. Egli entra una sola volta nel santuario celeste allo scopo d'intercedere al cospetto di Dio in nostro favore* (cfr. Eb 9, 23-26, spec. 24). *Egli è Sacerdote e insieme "vittima di espiazione" per i peccati di tutto il mondo* (1 Gv 2,2).

Gesù, come il grande intercessore che espia per noi, si rivelerà pienamente alla fine della nostra vita, quando si esprimerà con l'offerta di misericordia ma anche con l'inevitabile giudizio per chi rifiuta l'amore e il perdono del Padre.

L'offerta della misericordia non esclude il dovere di presentarci puri ed integri al cospetto di Dio, ricchi di quella carità, che Paolo chiama "vincolo di perfezione" (Col 3,14).

Durante la nostra vita terrena seguendo l'esortazione evangelica ad essere perfetti come il Padre celeste (cfr. Mt 5,48), *siamo chiamati a crescere nell'amore per trovarci saldi e irreprensibili davanti a Dio Padre, "al momento della venuta del Signore nostro Gesù con tutti i suoi santi"* (1 Ts 3,12s.).

D'altra parte, siamo invitati a "purificarci da ogni macchia della carne e dello spirito" (2 Cor 7,1; cfr. 1 Gv 3,3), *perché l'incontro con Dio richiede una purezza assoluta.*

Ogni traccia di attaccamento al male deve essere eliminata; ogni deformità dell'anima corretta. La purificazione deve essere completa, e questo è appunto ciò che è inteso dalla dottrina della Chiesa sul purgatorio.

Questo termine non indica un luogo, ma una condizione di vita. Coloro che dopo la morte vivono in uno stato di purificazione sono già nell'amore di Cristo, il quale li solleva dai residui dell'imperfezione (cfr Conc. Ecum. di Firenze, Decretum pro Graecis: DS 1304; Conc. Ecum. di Trento, Decretum de iustificatione: DS 1580; Decretum de purgatorio: DS 1820).

Occorre precisare che lo stato di purificazione non è un prolungamento della situazione terrena, quasi fosse data dopo la morte un'ulteriore possibilità di cambiare il proprio destino.

L'insegnamento della Chiesa in proposito è inequivocabile ed è stato ribadito dal Concilio Vaticano II, che così insegna: "Siccome poi non conosciamo né il giorno né l'ora, bisogna, come ci avvisa il Signore, che vegliamo assiduamente, affinché, finito l'unico corso della nostra vita terrena (cfr Eb 9,27), meritiamo con Lui di entrare al banchetto nuziale ed essere annoverati fra i beati, né ci si comandi, come a servi cattivi e pigri, di andare al fuoco eterno, nelle tenebre esteriori, dove 'ci sarà il pianto e lo stridore dei denti' (Mt 22,13 e 25,30)" (Lumen gentium, 48).

·I·N·R·I·

Un ultimo aspetto importante che la tradizione della Chiesa ha sempre evidenziato, va oggi riproposto: è quello della dimensione comunitaria. Infatti coloro che si trovano nella condizione di purificazione sono legati sia ai beati che già godono pienamente la vita eterna sia a noi che camminiamo in questo mondo verso la casa del Padre (cfr. Catechismo della Chiesa Cattolica, 1032).

Come nella vita terrena i credenti sono uniti tra loro nell'unico Corpo mistico, così dopo la morte coloro che vivono nello stato di purificazione sperimentano la stessa solidarietà ecclesiale che opera nella preghiera, nei suffragi e nella carità degli altri fratelli nella fede.

La purificazione è vissuta nel vincolo essenziale che si crea tra coloro che vivono la vita del secolo presente e quelli che già godono la beatitudine eterna.

Catechesi del 4 agosto 1999

Joannes Paulus pp. II

6

Purgatorio e spiritismo

Quanto abbiamo esposto fino ad ora non ha nulla a che fare con *l'evocazione degli spiriti* (spiritismo), la *divinazione, la negromanzia e la magia*, purtroppo assai diffuse ai nostri giorni.

È naturale che, venendo a mancare la fede, molti, compresi coloro che dicono di non credere in niente, quando si trovano davanti a disgrazie, a contraddizioni, a infortuni, a dissesti finanziari, o ad altro, si sentono come schiacciare da esseri misteriosi che incutono loro paura. Per questo si premuniscono di amuleti, cornetti, sfere, tarocchi e ricorrono ai maghi, agli stregoni, ai fattucchieri, e agli indovini.

Talvolta è l'uomo stesso che cerca di acquisire poteri che oltrepassano le sue forze e lo rendono padrone degli altri e si danno al mondo invisibile dell'occulto. Povero illuso! Non si accorge che se, da una parte, ha l'illusione di dominare, a sua volta viene dominato da forze misteriose, immensamente più forti di lui.

Altri, poi, restano così sconvolti per la perdita delle persone care, che non si danno pace finché non si illudono di mettersi in contatto con loro.

"Si illudono", perché in questo modo facilmente si mettono in contatto col demonio, il quale conosce tutto di noi e dei nostri cari, può anche apparire sotto le loro sembianze in sogno o in realtà, imitarne la voce pur di condurci fuori strada.

Tutte queste cose che abbiamo detto non hanno nulla a che fare con le anime del Purgatorio le quali, se vengono a noi, non è per leggerezza, o perché noi stessi li chiamiamo, ma vengono con il permesso di Dio, per qualche misterioso motivo, che non sempre possiamo conoscere, almeno finché siamo in questa vita.

La magia, la stregoneria, la divinazione, gli incantesimi, lo spiritismo nascono nell'uomo il giorno in cui abbandona la fede, non prega più, non frequenta più i sacramenti. La Sacra Scrittura e la Chiesa hanno condannato tutte queste cose e invitano a ritornare alla fede.

Nel suo grande amore per noi, Dio ci ha mandato il Figlio suo: *"... ha suscitato per noi una salvezza potente nella casa di Davide, suo servo (...) salvezza dai nostri nemici e dalle mani di quanti ci odiano" (Lc 1, 69-71).*

Verso la fine dell'800, un episodio accaduto in America determina il rifiorire della negromanzia sotto il nome di *"spiritismo"*.

Da quel momento sono venute di moda le

cosiddette *"sedute spiritiche"*. Questo fenomeno è legato alla diffusione della massoneria, delle messe nere dell'ateismo, del socialismo, assieme alla crescente industrializzazione del mondo occidentale e alla sua conseguente scristianizzazione.

Inizialmente, nell'ambiente cattolico, il fenomeno non è stato subito compreso. Lo si è visto quasi come un mezzo per contrastare l'incombente materialismo.

Ma la religiosità emergente dallo spiritismo non ha fondamento. È naturale che sia così, perché gli *"spiriti"* in parola non vengono da parte di Dio, ma facilmente da parte del demonio. I loro messaggi hanno lo scopo di portare fuori strada e ingannare la gente. Gli stessi *"medium"* spesso sono uomini psicolabili, con tratti epilettici, talvolta plagiati.

I fautori dello *"spiritismo"* vogliono paragonare il *"medium"* al profeta e dicono che entrambi parlano a nome di una entità spirituale.

Ma la differenza è fondamentale: il medium chiama il defunto, mentre il profeta non chiama, ma è chiamato da Dio per rivelare la sua Parola.

Il profeta è il *"servo di Jahvé"* che nel momento in cui parla nel nome del Signore è nel pieno possesso delle sue capacità psicofisiche. Perché non si dubiti del suo equilibrio mentale, il profeta spesso è legato dal voto di nazireato, cioè dalla totale astensione dalle bevande alcoliche.

Nell'evocazione degli spiriti, le parti si invertono. L'*"entità spirituale"* evocata dal *"medium"*, per il fatto stesso che si lascia evocare, si fa serva del *"medium"* stesso, cioè di un uomo che non eccelle per particolari doti psicofisiche o morali.

Se è vero che *"il servo non è più grande del suo padrone"*, si deduce che lo *"spirito"* o riflette l'ideologia di chi lo evoca, o è peggiore di lui.

La *"trance medianica"* è stata paragonata alle estasi dei mistici cattolici.

Anche in questo caso è opportuna una distinzione: il mistico, finito il rapimento in Dio, si ritrova arricchito di amore verso il Creatore e di carità verso le creature.

Il *"medium"*, invece, al termine del suo stato di *"trance"*, si ritrova spossato, impoverito di energie, trascinato verso una realtà di squilibrio mentale, che può tradursi, nel tempo, in autentica alienazione.

Fedele alla parola di Cristo, Via Verità e Vita, la Chiesa vieta ai suoi fedeli di assistere, anche come semplici spettatori, alle sedute spiritiche.

Nel 1917, mediante un decreto del Santo Uffizio, il Papa Benedetto XV dichiarava:

"Non è lecito assistere a conversazioni, o manifestazioni spiritiche, sia che avvengano per opera del "medium", *o senza; sia che si usi o no l'ipnoti-*

smo. Non è lecito nemmeno se è a scopo di pietà, interrogando le anime, o gli spiriti, sia ascoltando le risposte, sia assistendo con la pretesa tacita, od espressa, di non prendervi parte".

Questa posizione è ribadita, poi, nel Codice di Diritto Canonico.

Il divieto della Chiesa non è un atto di autoritarismo, come potrebbe sembrare a chi non riesce a comprendere tutti i rischi collegati alle pratiche spiritiche, ma è un vero intervento di misericordia, a protezione dei figli più sprovveduti, anche di quelli che potrebbero ritenersi abbastanza forti da sfidare la malizia dell'uomo o del demonio.

I santi hanno parlato del Purgatorio

Il Purgatorio nel pensiero di santa Gertrude di Helfta

(1256-1301)

Si racconta che santa Gertrude, monaca cistercense di Helfta in Sassonia e grande anima contemplativa a cui il Signore fece tante grazie e doni mistici, in prossimità della morte ebbe una grande tentazione da parte del maligno, che le procurò non pochi turbamenti e paure.

Fu, infatti, rimproverata dal diavolo per aver fatto sacrifici e buone opere a vantaggio solo delle anime purganti, accusandola di aver trascurato molto se stessa, avendo abbandonato la via della perfezione, che si percorre giorno dopo giorno senza interruzione e non volando tra i cieli o fantasticando tra mondi dell'aldilà.

Le insinuò, quindi, l'idea di avere perso del tempo in cose non necessarie e inutili e di essere stata stolta a non aver applicato i meriti delle sue sofferenze per la salute della sua anima bisognosa di cure. Il tentatore le disse: "Chi credi di essere e chi te lo ha fatto fare di offrire le preghiere quotidiane e i tuoi sacrifici per anime che neppure conosci. Ti pentirai subito amaramente di questo tuo errore ed io di questo ne avrò godimento.

Vedrai che pagherai per davvero questo errore".

All'udire queste parole, santa Gertrude fu molto turbata e cominciò a pensare ad un possibile fallimento della sua vita, considerando le grandi sofferenze che l'attendevano.

Ma il Signore, mosso a compassione del miserevole stato della sua fedele serva, le apparve in visione dicendole:

"Figlia mia, perché ti turbi? Devi sapere che la tua carità verso gli altri mi è stata molto cara ed io ora per questo ti libero da tutte le sofferenze a cui eri destinata. Poiché ho promesso una grande ricompensa a coloro che si offrono per la salvezza dei loro fratelli e sorelle, io centuplicherò la tua gioia nel cielo. Tutte le anime che hai salvato ver-

ranno a te incontro tra breve per condurti in Paradiso".

Quando udì queste parole santa Gertrude raccontò alle consorelle la subdola e sofisticata tentazione subita dal diavolo e l'intervento del Signore per liberarla dalla sua angoscia e paura.

Il Purgatorio secondo santa Caterina da Siena

(1347-1380)

DOTTORE DELLA CHIESA

Parla Gesù alla santa:

"E se ti volgi al Purgatorio troverai ivi la mia dolce e inestimabile Provvidenza verso quelle anime tapinelle che stoltamente persero il tempo, ed essendo ora separate dal corpo non hanno più il tempo per poter meritare. A loro io ho provveduto per mezzo vostro, di voi che siete ancora nella vita mortale e avete il tempo per loro e, mediante le elemosine e l'ufficio divino che fate dire ai miei ministri, insieme ai digiuni e alle orazioni fatte in stato di grazia, potete abbreviare loro il tempo della pena, confidando nella mia misericordia. O dolce provvidenza!...".

"Non abbiate a schifo la malattia. Pensate quanto è grande la grazia divina che, nel tempo della malattia, pone freno a molti vizi e difetti che si commetterebbero avendo la sanità. Inoltre la malattia sconta e purga i peccati commessi: essi meritano pena infinita e Dio, per la sua misericordia, li punisce con pena finita.

Quando l'anima considera di avere offeso il suo creatore, sommo ed eterno bene, reputa grandissima grazia da parte di Dio che egli la punisca in questa vita, e non abbia stabilito di punirla nell'altra, dove sono pene infinite.

Se consideriamo i peccati e i difetti nostri, e quanto abbiamo offeso Dio, bene infinito, per cui dovremmo subire una pena infinita non solo per le grandi colpe ma altresì per una piccola, ci convinceremo che veramente siamo degni di mille Inferni. Eppure egli, con misericordia, ci punisce in questo tempo finito, nel quale, sopportando con pazienza, si sconta e si merita...".

"Non avviene così delle pene che l'anima sostiene nell'altra vita. Perché, se essa si trova nelle pene del Purgatorio, sconta sì, ma non merita. Sopportiamo, dunque, con buona volontà questa piccola pena. Piccola, in vero, si può dire, questa e ogni altra, per la brevità del tempo. Poiché, in questa vita, tanto grande è la fatica quanto grande è il tempo. E quanto è il tempo nostro? È quanto una punta d'ago. È ben vero dunque che essa è piccola.

Ogni fatica è piccola, perché la vita dell'uomo è un niente, tanto è poca.

Infatti, la fatica che è passata non l'ho più, essendo passato il tempo. Quella che ha da venire, ancora non l'ho, perché non sono sicura d'avere il tempo, poiché devo morire, ma non so quando.

C'è, dunque, solo questo punto del presente da sopportare".

Allora santa Caterina esortava:

"*Orsù, dunque, virilmente, per l'amore di Cristo crocifisso! Confidatevi con Cristo crocifisso; dilettatevi nelle piaghe di Cristo crocifisso!".*

"Se sarai virtuoso e soffrirai ingiustamente, non avendo offeso coloro che ti fanno ingiuria, in questo seguirai le sue vestigia. Ma quanto è dalla parte di Dio, sempre soffriamo giustamente, poiché sempre l'offendiamo".

(Dialogo della Divina Provvidenza)

Il Purgatorio secondo sant'Alfonso Maria de' Liguori

Dottore della Chiesa

Nella vita di sant'Alfonso de' Liguori si legge questo episodio. Parla di una santa religiosa, di nome suor Caterina di sant'Agostino, che aveva la bella abitudine di pregare per le anime del Purgatorio sia che le avesse conosciute sia che le fossero ignote.

Nella città in cui la suora viveva c'era una donna nota per la sua pessima condotta. Si chiamava Maria. Quando la donna morì, tutti pensavano che fosse dannata, tanto che al suo funerale parteciparono poche persone più per un riguardo ai parenti che per la preghiera per l'anima della defunta. C'è da aggiungere che neppure suor Caterina si preoccupò di pregare per lei, poiché anche lei riteneva che la defunta Maria si trovasse tra i dannati.

Trascorsero quattro anni. Un giorno la pia suora vide in visione un'anima del Purgatorio, la quale disse: “Suor Caterina, tu hai la pia abitudine di pregare per i defunti. Noi ti ringraziamo. Non fare eccezioni per me".

"E tu chi sei?", le chiese, allora, la suora.

"Sono la povera Maria, morta abbandonata da tutti e poi dimenticata".

"Ma che cosa dici? Ma, allora, sei salva?".

"Sì sono stata salvata per intercessione della Madonna. Mi sono accorta che stavo per morire da sola e senza aiuto, così mi sono rivolta a lei, dicendole: 'O mia regina! Rifugio dei peccatori e degli abbandonati. Guarda al mio stato di completo abbandono in questo momento e porgimi il tuo aiuto!'.

La Santissima Vergine udì la mia preghiera e venne in mio soccorso, ottenendomi la grazia di una perfetta contrizione, sicché mi salvai sul letto di morte. Ma la pietà della divina Madre non si limitò a questo.

Quando mi trovai dinanzi al Giudice, ottenne da suo Figlio la grazia di ridurre sensibilmente il tempo da passare nel Purgatorio. Ma siccome la giustizia divina non può essere in conflitto con i suoi diritti, soffro più intensamente, ma per un periodo più breve, per scontare il mio debito.

Ora io ho solo bisogno di alcune Messe.

Appena saranno celebrate, io sarò liberata da queste sofferenze. Abbi, dunque, pietà di me, e falle celebrare per questa intenzione.

Prometto che non cesserò di pregare Dio e la Santa Vergine per te".

Suor Caterina si affrettò a far celebrare le Messe ed alcuni giorni dopo vide Maria salire al cielo, mentre la ringraziava della sua carità.

Santa Teresa di Lisieux

(1873-1897)

DOTTORE DELLA CHIESA

LA PICCOLA VIA CHE PORTA DRITTO AL CIELO

Se si ponesse la domanda: "È necessario passare dal Purgatorio prima d'andare in Cielo?", penso che la maggior parte dei cristiani risponderebbe affermativamente. La dottrina, invece, insegnata da santa Teresa di Lisieux, dottore della Chiesa, sulle orme di santa Teresa d'Avila e di santa Caterina da Siena, può essere così enunciata:

"Dio, Padre amantissimo, vuole che noi lasciamo questa terra con l'abbandono del figlio prodigo che, pentito e fiducioso, chiude gli occhi alla luce di quaggiù per riaprirli subito in Cielo, nella gioia della visione beatifica senza aver da subire in Purgatorio purificazione alcuna".

Naturalmente ciò esige pentimento, umiltà e abbandono alla divina misericordia.

La santa ci parla di *"un gran numero di piccole anime"* e di *"una legione di piccole vittime"* ch'ella vuole trascinare nella scia luminosa della *"infanzia spirituale"*.

Ha scritto infatti: *"Come potrebbe aver limiti la mia fiducia?"*.

Ecco, a sua insaputa, quanto aveva insegnato San Tommaso d'Aquino: *"Non può esservi da parte nostra sovrabbondanza di speranza dal punto di vista di Dio, la cui bontà è infinita"*.

Una sua novizia, suor Maria della Trinità, ha dichiarato ai processi canonici che un giorno la santa le chiese di non abbandonare, dopo la sua morte, la sua "piccola via" di fiducia e d'amore e lei così le rispose:

"No, certo e vi credo così fermamente che se anche il papa mi dicesse che lei si è sbagliata, io non riuscirei a crederlo".

Allora la santa avrebbe risposto:

"Oh, innanzi tutto bisognerebbe credere al papa; ma non tema ch'egli venga a dirle di cambiar via, non gliene lascerò il tempo, perché se, arrivando in Cielo, sapessi che l'ho indotta in errore, otterrò da Dio il permesso di venire immediatamente ad avvertire. Fino ad allora, creda che la mia via è sicura e la segua fedelmente".

Gli ultimi papi, da san Pio X in poi, non solo non hanno detto che santa Teresa si è sbagliata, ma si sono compiaciuti di sottolineare l'universalità della dottrina e dell'invito di questa *"piccola via"* al punto che santa Teresa di Lisieux è stata proclamata *"dottore della Chiesa"*.

Alla base dei suoi insegnamenti si trovano tre

verità teologiche fondamentali:

- ogni iniziativa viene da Dio come dono puramente gratuito;
- Dio distribuisce i suoi doni in modo disuguale,
- con un amore sempre uguale, poiché il suo amore è infinito.

SIAMO TUTTI CHIAMATI ALLA SANTITÀ

Per noi, amare Dio significa lasciarci amare da Dio. Dice, infatti, Giovanni: "Noi amiamo perché egli ci ha amati per primo" *(1 Gv 4,19)*.

Non preoccupiamoci mai della nostra debolezza, anzi, la nostra fragilità dev'essere per noi occasione di gioia giacché, ben intesa, costituisce appunto la nostra forza.

Dobbiamo, invece, aver paura d'attribuirci anche una minima parte di verità e di bontà.

Ciò che abbiamo ci è stato offerto in dono *(cfr. 1 Cor, 4,7)*; non appartiene a noi, ma a Dio. Dio vuole l'umiltà di cuore.

I nostri meriti sono doni suoi.

Sì, Dio dona, ma distribuisce i suoi doni in modo ineguale. Ciascuno di noi ha una vocazione personale, ma non abbiamo tutti la medesima vocazione .

Spesso si sente: "Io non sono santo... La perfezione è riservata ai santi... I santi facevano così perché erano santi...".

Ecco la risposta: ognuno di noi è chiamato alla santità, chiamato ad un grado più o meno elevato d'amore e di gloria, alcuni più, altri meno, contribuendo così alla bellezza del Corpo mistico di Cristo; ciò che conta, per ogni singolo, è realizzare la pienezza della sua santità personale, piccola o grande che sia.

Dice a questo proposito la nostra santa:

"Per tanto tempo mi sono chiesta perché Dio abbia delle preferenze, perché tutte le anime non ricevano grazie in grado uguale; mi meravigliavo perché prodiga favori straordinari a santi che l'hanno offeso, come san Paolo, sant'Agostino, e perché, direi, quasi li costringe a ricevere il suo dono; poi, quando leggevo la vita dei santi che nostro Signore ha carezzati dalla culla alla tomba, senza lasciare sul loro cammino un solo ostacolo che impedisse di elevarsi a lui, e prevenendo le loro anime con tali favori da rendere quasi impossibile ch'esse macchiassero lo splendore immacolato della loro veste battesimale, mi domandavo: perché i poveri selvaggi, per esempio, muoiono tanti e tanti ancor prima di avere inteso pronunciare il nome di Dio?

Gesù mi ha istruita riguardo a questo mistero. Mi ha messo dinanzi agli occhi il libro della natura, ed ho capito che tutti i fiori della creazione sono belli, le rose magnifiche e i gigli bianchissimi non rubano il profumo della viola, o la semplicità alla pratolina...

Se tutti i fiori piccini volessero essere rose, la natura perderebbe la sua veste di primavera, i campi non sarebbero più smaltati di infiorescenze. Così è nel mondo della anime, che è il giardino di Gesù".

La disuguaglianza complementare è fattore d'armonia:

"La perfezione consiste nel fare la volontà del Signore, nell'essere come vuole lui".

Questo corrisponde al V capitolo della Costituzione dogmatica del Vaticano II sulla Chiesa, "Lumen Gentium", intitolato "Universale vocazione alla santità nella Chiesa".

Dio distribuisce, dunque, i suoi doni in modo disuguale, ma con un amore sempre uguale a se stesso, con un amore immutabile e semplice nell'intensità della sua pienezza infinita.

Teresa, a sua volta:

"Ho capito anche un'altra cosa: l'amore di nostro Signore si rivela altrettanto bene nell'anima più semplice, che non resiste affatto alla grazia, quanto nell'anima più sublime".

E continua: tanto nell'anima dei *"santi dottori, i quali hanno rischiarato la Chiesa"* quanto nell'anima *"del bimbo che si esprime soltanto con strilletti deboli deboli"* o del selvaggio *"il quale nella sua totale miseria possiede soltanto la legge natu-*

rale per regolarsi".

Sì, altrettanto, a patto che queste anime compiano la volontà di Dio.

La modalità del dono vale assai più di ciò che si dà; e Dio non può amare che di un amore infinito. In questo senso, Dio ama ciascuno di noi quanto ama Maria Santissima.

Il suo amore non può essere, ripetiamolo, che infinito. Quale consolazione!

LE PENE DEL PURGATORIO SONO INUTILI

Santa Teresa non esita ad affermare che le sofferenze del Purgatorio sono *"sofferenze inutili"*. In che senso?

Riferendosi al suo Atto d'offerta del 9 giugno 1895, la santa scrive:

"Madre cara, lei che mi ha permesso di offrirmi così al Buon Dio.

Lei sa quali fiumi, o piuttosto quali oceani di grazie, inondarono l'anima mia...

Ah, da quel giorno felice mi pare che l'amore mi compenetri e mi avvolga; mi pare che, ad ogni istante, questo amore misericordioso mi rinnovi, purifichi l'anima mia e non lasci alcuna traccia di peccato, perciò non posso temere il Purgatorio...

So che per me stessa non meriterei nemmeno di entrare in quel luogo di espiazione, poiché soltanto le anime sante possono trovare adito ad esso, ma so, altresì, che il fuoco dell'amore è più santificante di quello del Purgatorio, so che Gesù non può desiderare per noi sofferenze inutili, e ch'egli non m'ispirerebbe i desideri che sento, se non volesse colmarli...".

È evidente che le sofferenze del Purgatorio saranno inutili per santa Teresa, giacché ella è totalmente purificata dall'amore misericordioso, ma l'espressione *"sofferenze inutili"* racchiude un significato teologico ben più profondo.

Secondo l'insegnamento della Chiesa, infatti, le anime del Purgatorio, non essendo più nel tempo, non possono meritare, né crescere nella carità.

Le sofferenze del Purgatorio sono quindi inutili per crescere in grazia, nell'amore di Cristo, che è l'unico aspetto che conta per rendere più intenso il nostro lume di gloria.

Sopportando le pene che Dio permette, le anime del Purgatorio si purificano dalle conseguenze delle loro colpe e si preparano, malgrado la loro passata tiepidezza, a godere Dio in quel faccia a faccia incompatibile con la minima impurezza.

Tuttavia il loro amore non è più suscettibile d'aumento.

Siamo alla presenza di grandi misteri che oltrepassano la nostra intelligenza, di fronte ai quali dobbiamo inchinarci: da una parte i misteri della giustizia e della misericordia divina, dall'altra il mistero della nostra libertà che può resistere alla grazia e del nostro eventuale colpevole rifiuto di accettare quaggiù con amore la sofferenza, in unione con la Croce di Gesù Redentore.

PURGATORIO E SANTITÀ

È necessario, tuttavia, osservare che non passare per il Purgatorio non è sinonimo di santità eminente. È possibile che un'anima, chiamata ad una santità più alta, debba passare per il Purgatorio se, giunta al momento della morte, non si trovasse sufficientemente purificata; mentre un'altra, chiamata ad una santità meno sublime, potrà arrivare al termine della vita perfettamente pura e purificata.

Domandare la grazia di non passare per il Purgatorio non significa, dunque, peccare di presunzione, non è esigere da Dio un grado di santità più alto di quello ch'egli, nella sua sapienza, ha decretato per noi, ma è semplicemente domandargli di non permettere che mettiamo ostacoli alla perfetta realizzazione della sua volontà su di noi, nonostante le nostre debolezze e i nostri peccati; e supplicarlo che ci vengano risparmiate quelle sofferenze *"inutili"* per farci crescere nell'amore, e per ottenere un grado più alto di beatitudine nel possesso di Dio.

Nel "Credo" del Popolo di Dio pronunciato da Sua Santità Paolo VI alla chiusura dell'Anno della Fede, il 30 giugno 1968, si legge: "Noi crediamo nella vita eterna. Noi crediamo che le anime di tutti coloro che muoiono nella grazia di Cristo, sia che debbano ancora essere purificate nel Purgatorio, sia che dal momento in cui lasciano il proprio corpo siano accolte da Gesù in Paradiso, come egli fece per il Buon Ladrone, costituiscono il Popolo di Dio nell'aldilà della morte, la quale sarà definitivamente sconfitta nel giorno della risurrezione, quando queste anime saranno riunite ai propri corpi". *(L'Osservatore Romano)*

FIDUCIA NELL'AMORE MISERICORDIOSO

Ritengo utile e opportuno trascrivere alcuni testi della santa che riguardano la purificazione dell'anima durante la vita terrena.

"Lei non è abbastanza fiduciosa", dice santa Teresa ad una consorella timorosa (suor Filomena), *"lei ha troppa paura del Buon Dio ... Non tema il Purgatorio a causa della pena che vi si soffre, ma desideri di non andarvi per far piacere a Dio, il quale impone questa espiazione a malincuore.*

Dal momento che lei cerca di fargli piacere in ogni cosa, se ha la fiducia incrollabile che il Signore la purifica ad ogni istante nel suo Amore e che non lascia in lei nessuna traccia di peccato, sia sicurissima che non andrà in Purgatorio.

Capisco che non tutte le anime possono somigliarsi, bisogna che ce ne siano di gruppi diversi per onorare in modo particolare ciascuna perfezione del Signore.

A me ha dato la sua misericordia infinita, attraverso essa contemplo e adoro le altre perfezioni divine. Allora tutte mi appaiono raggianti di amore, la giustizia stessa (e forse ancor più che qualsiasi altra) mi sembra rivestita d'amore. Quale gioia pensare che il Buon Dio è giusto, cioè che tiene conto delle nostre debolezze, che conosce perfettamente la fragilità della nostra natura. Di che cosa dunque aver paura? Ah, il Dio infinitamente giusto che si degnò di perdonare con tanta bontà le colpe del figliuol prodigo, non deve essere giusto anche verso di me che sto sempre con lui? (Lc 15,31)".

INCORAGGIANDO LE ANIME...

Suor Maria della Trinità novizia della santa, morta nel 1944, interrogò un giorno la maestra: "Se commettessi delle lievi infedeltà, andrei lo stesso direttamente in Cielo?". *"Sì, ma non è questo il motivo per cui deve cercare di praticare la virtù",* rispose Teresa: *"Il Buon Dio è così buono che troverebbe il modo di non farla passare dal Purgatorio, ma è lui che ne scapiterebbe in amore!...".*

In un'altra circostanza ebbe a dire alla stessa suor Maria, che bisognava, con le proprie preghiere e i propri sacrifici, ottenere alle anime un amore così grande di Dio da farle andare in Paradiso senza passare dal Purgatorio.

Narra un'altra novizia: "Avevo un'estrema paura dei giudizi di Dio; e, nonostante tutto ciò ch'essa poteva dirmene, nulla valeva in me a dissiparla. Un giorno le feci questa obiezione: 'Ci ripetono continuamente che Dio trova delle macchie anche nei suoi angeli; come vuole che io non tremi?’. Lei rispose: *‘Non c’è che un mezzo per costringere il Signore a non giudicarci affatto; e questo mezzo è di presentarsi a lui con le mani vuote’.*

‘Come fare?’, le domandai.

“È semplicissimo; non faccia risparmio di nulla, e dia quello che di mano in mano acquista. Io per me, se campassi anche fino a ottanta anni, sarò sempre povera; non so fare economie; tutto quello che ho lo spendo subito per riscattare delle anime. Se aspettassi il momento della morte per presentare le piccole mie monete e farle stimare per il loro giusto valore, il Buon Dio non mancherebbe di scoprirvi della lega, di cui dovrei andarmi a liberare nel Purgatorio. Non si narra forse che alcuni grandi santi, giunti al tribunale di Dio colle mani piene di meriti, dovettero andare in quel luogo di espiazione, perché ogni giustizia è macchiata agli occhi del Signore?’.

Ed io ripresi: ‘Se Dio non giudica le nostre buone azioni, giudicherà le cattive; e allora?’. *‘Che dice mai?’*, rispose Santa Teresa: *‘Nostro Signore è la stessa Giustizia; se non giudica le nostre azioni buone, non giudicherà neppure le cattive. Per le vittime dell’amore, mi sembra che non avrà luogo giudizio; ma che piuttosto il Buon Dio si affretterà a ricompensare con eterne delizie il suo proprio amore che vedrà ardere nel loro cuore’.*

Io di nuovo: ‘Per godere di questo privilegio,

crede ella che basti fare l'atto d'offerta da lei composto?'.

Santa Teresa concluse: *'Oh no! Le parole non bastano... Per essere veramente vittime d'amore, è necessario abbandonarsi interamente, perché dall'amore non siamo consumati che in proporzione di quanto ad esso ci abbandoniamo'."*.

"IL PURGATORIO NON È PER LEI..."

Diceva ancora la santa: *"Senta dove deve giungere la sua fiducia. Deve farle credere che il Purgatorio non è per lei, ma solo per le anime che hanno misconosciuto l'Amore Misericordioso, che hanno dubitato della sua potenza purificatrice.*

Con coloro che si sforzano di rispondere a questo amore, Gesù è 'cieco' e 'non calcola', o piuttosto non conta, per purificarli, che sul fuoco di carità che 'copre ogni colpa' *e soprattutto sui frutti del suo Sacrificio perpetuo. Sì, nonostante le sue piccole infedeltà, può sperare di andare diritta in Cielo, giacché Dio lo desidera ancor più di lei e le darà certamente quanto avrà sperato dalla sua misericordia. Egli ricompenserà la confidenza e l'abbandono; la sua giustizia che sa quanto ella è fragile, si è divinamente sbrogliata per riuscirvi. Badi soltanto, appoggiandosi a tale sicurezza, a che egli non ne scapiti in amore!"*.

Una testimonianza della sorella della santa merita di essere menzionata. Scrive Celina in "Consigli e ricordi":

"Non andare in Purgatorio. La mia cara sorellina m'inculcava ogni istante questo desiderio umilmente fiducioso di cui viveva. Era un'atmosfera che respirava come l'aria.

Ero ancora probanda quando, la notte di Natale 1894, trovai nella mia scarpa una poesia che Teresa mi aveva composto in nome della Madonna.

Vi lessi:

Gesù ti farà la corona,
se cerchi solo il suo amor,
se il tuo cuore a lui si abbandona,
del suo regno ti darà l'onor.
Dopo il buio della vita,
scorgerai il suo dolce sguardo;
lassù l'anima tua rapita
volerà senz'alcun ritardo!

Nel suo Atto di Offerta all'Amore Misericordioso del Buon Dio, parlando del suo proprio amore, essa termina così: *'... Che questo martirio, dopo avermi preparata a comparirvi dinanzi, mi faccia infine morire, e che l'anima mia si slanci senza ritardo nell'eterno abbraccio del vostro Amore Misericordioso!...'.*

Essa era, dunque, sempre sotto l'impressione di questa idea della cui realizzazione non dubitava affatto, secondo la parola del nostro santo padre Giovanni della Croce, che faceva sua: *'Più Dio vuol dare, più fa desiderare'*.

Ella fondava la sua speranza riguardo al Purgatorio sull'abbandono e l'Amore, senza dimenticare la sua cara umiltà, virtù caratteristica dell'infanzia. Il bambino ama i genitori e non ha pretese, se non quella di abbandonarsi totalmente ad essi, perché si sente debole ed impotente.

Diceva: *'Che forse un padre sgrida il suo bambino quando egli si accusa da se stesso, o gli infligge un castigo? No davvero, ma se lo stringe al cuore'*.

A rinforzare questo concetto, mi rammentò una storia che avevamo letto nella nostra infanzia:
'Un re in una partita di caccia inseguiva un coniglio bianco, che i suoi cani erano sul punto di raggiungere, quando la bestiola, sentendosi perduta, ritornò indietro rapidamente e saltò tra le braccia del cacciatore. Costui, commosso da tanta fiducia, non volle più separarsi dal coniglio bianco, e non permetteva a nessuno di toccarlo, riservandosi di nutrirlo. Così il Buon Dio farà con noi, se, inseguiti dalla giustizia figurata dai cani, cercheremo scampo nelle braccia stesse del nostro Giudice...'.

Benché ella pensasse qui alle piccole anime che seguono la Via dell'infanzia spirituale, non sottraeva da questa ardita speranza neppure i grandi peccatori .

Molte volte suor Teresa mi aveva fatto notare che la giustizia del buon Dio si contenta di ben poca cosa quando l'amore ne è il movente, e che allora Egli tempera all'eccesso la pena temporale dovuta al peccato, poiché non è che dolcezza.

'Ho fatto l'esperienza' mi confidò, *'che dopo un'infedeltà, anche piccola, l'anima deve subire per qualche tempo un certo disagio. Allora mi dico: 'Figlietta mia, è il riscatto della tua mancanza'; e sopporto pazientemente che il piccolo debito sia pagato.*

Ella non vedeva aprirsi per essi la porta del Purgatorio, ritenendo piuttosto che il Padre celeste, rispondendo alla loro fiducia con una grazia di luce al momento della morte, faccia nascere in queste anime, alla vista della loro miseria, un sentimento di contrizione perfetta, atto a cancellare ogni debito".

Ad un'altra sorella, suor Maria del Sacro Cuore, che le domandava: "Quando ci si offre all'Amore misericordioso, si può dunque sperare di andare diritti in Cielo?", rispose: *"Sì, ma si deve insieme praticare la carità fraterna"*.

AMORE PERFETTO

Sempre, ma soprattutto negli ultimi anni della sua vita terrena, quando si avvicinava alla morte, santa Teresa di Lisieux insegnava che nessuno dovrebbe andare in Purgatorio, non tanto per motivo d'interesse personale (il quale, di per sé, non è riprovevole), ma avendo di mira unicamente l'amore di Dio e delle anime.

Per questo ha potuto affermare: *"Non lo so se andrò in Purgatorio, non me ne angustio affatto; ma se ci vado, non mi pentirò mai d'aver lavorato soltanto per salvare le anime. Come sono stata felice sapendo che santa Teresa d'Avila la pensava così!"*.

Lo precisa ancora il mese seguente: *"Non avrei raccolto uno spillo per evitare il Purgatorio. Tutto quello che ho fatto, l'ho fatto per far piacere al Buon Dio, per salvargli anime"* .

Una monaca che frequentò la santa nella sua ultima malattia, scriveva in una lettera alla famiglia: "Quando la si va a vedere, è ben cambiata, molto smagrita; ma conserva sempre la medesima calma e il suo fare scherzoso.

Vede con gioia la morte che le si avvicina e non ha minimamente paura. Ciò ti attristerà molto, caro papà mio, e lo si capisce; perdiamo il più grande dei tesori, ma non bisogna certo rammaricarsi per lei; amando Iddio come lo ama lei, sarà ben accolta Lassù! Andrà diritta in Cielo.

Quando le parlavamo del Purgatorio, per noi, ci diceva: *'Oh, quanto mi fate dispiacere! Fate un gran torto a Dio credendo di dover andare in Purgatorio. Quando si ama, non può esservi Purgatorio".*

Non si mediteranno mai abbastanza le confidenze di santa Teresa di Lisieux che possono e devono incoraggiare i più gran peccatori a non dubitare mai della potenza purificatrice dell'Amore misericordioso: *"Si potrebbe credere che, proprio perché non ho peccato, io abbia una fiducia tanto grande nel Signore. Dica bene, Madre mia, che se avessi commesso tutti i crimini possibili, avrei sempre la stessa fiducia, sentirei che questa moltitudine di offese sarebbe come una goccia d'acqua gettata in un bracere ardente. Lei racconterà poi la storia della peccatrice convertita che è morta d'amore; le anime capiranno subito, perché è un esempio efficacissimo di ciò che vorrei dire, ma queste cose non si possono esprimere".*

Ecco l'episodio che madre Agnese, altra sorella della santa doveva raccontare:

"Si narra nella vita dei Padri del deserto, che uno di essi convertì una peccatrice pubblica, i cui disordini scandalizzavano una regione intera.

Questa peccatrice, toccata dalla grazia, seguiva il santo nel deserto per farvi una penitenza rigorosa, quando, durante la prima notte di viaggio, ancor prima di essere giunta al luogo del suo ritiro, i suoi vincoli mortali furono spezzati dall'impeto del suo pentimento pieno d'amore, e il solitario vide, nel momento stesso, l'anima di lei portata dagli Angeli in seno a Dio".

Pochi giorni dopo Teresa ritornava sul medesimo pensiero: *"...Il peccato mortale non mi toglierebbe la fiducia... Soprattutto che non si dimentichi di raccontare la storia della peccatrice! È questa che proverà che non mi sbaglio"*.

SANTA TERESA DI LISIEUX E I SACRAMENTI

Conosciamo l'ardente amore di Teresa per l'Eucaristia. Suor Genoveffa ha lasciato scritto:

"La Santa Messa e la Mensa Eucaristica erano la sua delizia. Non intraprendeva nulla d'importante senza chiedere di fare offrire il Santo Sacrificio a quella intenzione. Quando nostra zia le dava del denaro per le sue feste e anniversari al Carmelo sollecitava sempre il permesso di far celebrare delle Messe e talvolta mi diceva a bassa voce: *'È per il mio figliolo Pranzini,* (un condannato a morte, del quale aveva ottenuto la conversione in extremis nell'agosto 1887), *bisogna che io lo aiuti adesso!...'*. Prima della sua professione solenne, dispose del suo portafoglio di fanciulla che consisteva in un centinaio di franchi, per far celebrare delle Messe in vantaggio del nostro venerato Padre, allora molto ammalato. Ella riteneva che niente valesse quanto il Sangue di Gesù per attirargli molte grazie. Avrebbe tanto desiderato comunicarsi tutti i giorni, ma gli usi allora vigenti non lo consentivano, e questa fu una delle sue più grandi sofferenze al Carmelo. Pregava san Giuseppe di ottenere un mutamento di quella usanza, e il decreto di Leone XIII che concedeva più ampia libertà su questo punto le sembrò una risposta alle sue ardenti suppliche. Teresa ci predisse che dopo la sua morte il nostro 'pane quotidiano' non ci sarebbe mancato, il che si realizzò pienamente".

Ha scritto nel suo Atto l'offerta: *"Sento nel mio cuore desideri immensi e vi chiedo con tanta fiducia di venire a prendere possesso della mia anima. Ah, non posso ricevere la Santa Comunione così spesso come vorrei, ma Signore, non siete l'onnipotente? Restate in me come nel tabernacolo, non allontanatevi mai dalla vostra piccola ostia..."*.

Durante l'ultima malattia, rivolgendosi alla sorella madre Agnese di Gesù: "*La ringrazio perché ha chiesto che mi venisse data una particella dell'Ostia Santa. Ho durato tanta fatica a inghiottire perfino quella. Ma com'ero felice d'avere Dio nel cuore! Ho pianto come nel giorno della prima Comunione"*.

E ancora, il 12 agosto: *"Com'è grande la nuova grazia che ho ricevuta stamattina, nel momento in cui il sacerdote ha cominciato il Confiteor prima di darmi la Santa Comunione! Vedevo là Gesù buono tutto pronto a darsi a me, e udivo quella confessione tanto necessaria:*

'Confesso a Dio Onnipotente, alla Beata Vergine Maria, a tutti i santi, che ho peccato molto'. *Oh sì, dicevo a me stessa, fanno bene a chiedere perdono per me in questo momento a Dio, a tutti i suoi santi. Com'è necessaria questa umiliazione! Mi sentivo, come il pubblicano, una grande peccatrice. Dio mi appariva tanto misericordioso! Era così commovente rivolgersi a tutta la corte celeste e ottenere il perdono di Dio... Sono stata lì per piangere, e quando l'Ostia Santa si è posata sulle mie labbra, mi sono sentita commossa fino nel profondo..."*.

Aveva pure manifestato un gran desiderio di ricevere l'Unzione dei malati. L'8 luglio aveva detto: *"Desidero tanto ricevere l'Estrema Unzione. Tanto peggio, se dopo mi prendono in giro"*. Nota qui la sorella: "Questo per il caso che si fosse rimessa in salute, poiché sapeva che certe suore non la ritenevano in pericolo di morte".

Le amministrarono l'olio santo il 30 luglio; chiese allora a madre Agnese: *"Vuole prepararmi a ricevere l'Estrema Unzione? Preghi, preghi molto il Buon Dio, affinché io la riceva bene quanto è possibile. Il nostro padre superiore mi ha detto:* 'Lei sarà come un bambinello appena battezzato'. *Poi mi ha parlato soltanto dell'amore. Oh, com'ero commossa!"*. "Dopo l'Estrema Unzione", nota ancora madre Agnese, "mi mostrava le sue mani con rispetto" .

Ma non dimenticò mai il primato della fede,

della fiducia e dell'amore; il primato dello spirito senza il quale la lettera è morta. Ella dirà: *"La principale indulgenza plenaria è quella che tutti possono acquistare senza le solite condizioni: l'indulgenza della carità che copre la moltitudine dei peccati". "Se mi trovaste morta la mattina, non vi affliggete: vorrebbe dire che Papà, il buon Dio, sarebbe venuto a prendermi, ecco tutto. Senza dubbio, è una grande grazia ricevere i sacramenti, ma quando il Signore buono non lo permette, è una grazia anche quella"*. Sì, Dio fa "cooperare tutto al bene di coloro che amano" *(Rom 8,28)*.

E quando santa Teresa di Gesù Bambino scrive a modo di paradosso: *"Ecco ciò che Gesù esige da noi, non ha bisogno affatto delle nostre opere, ma soltanto del nostro amore",* non dimentica né le esigenze del dovere del proprio stato, né gli obblighi della dedizione fraterna, ma vuol sottolineare che la carità, virtù teologale, è insieme radice del merito e vertice della nostra perfezione.

Il Purgatorio per san Pio da Pietrelcina

(1887-1968)

SACERDOTE DEI DUE MONDI

Molti santi ebbero grande devozione per le Anime del Purgatorio. In questa devozione si distinse anche padre Pio da Pietrelcina: egli ha sempre avuto una grande devozione per loro.

I defunti ebbero sempre un posto di privilegio nella sua vita spirituale. Egli si ricordava costantemente di loro, non solo nelle sue preghiere quotidiane, ma, soprattutto, nel Santo Sacrificio della Messa.

Un giorno, conversando con alcuni frati che lo interrogavano proprio sull'importanza di pregare per queste anime, il padre disse: *"Su questa montagna* (cioè a san Giovanni Rotondo) *salgono più anime purganti che uomini e donne ancora viventi ad assistere alle mie Messe e a cercare le mie preghiere"*.

Se si pensa che, in cinquantadue anni di vita in questo convento, è stato visitato da milioni di pel-

legrini provenienti da ogni parte del mondo, l'affermazione di padre Pio ci stupisce.

Egli rimase a san Giovanni Rotondo per tutto quel tempo e l'affermazione ci indica chiaramente quanti furono i suoi contatti con le anime del Purgatorio. Se superavano di gran lunga quelli che venivano da ogni parte del mondo, evidentemente quelle anime conoscevano bene il suo cuore ardente di carità.

Egli scriveva in una lettera: *"Se so, poi, che una persona è afflitta sia nell'anima che nel corpo, che non farei presso il Signore per vederla libera dai suoi mali? Volentieri mi addosserei, pur di vederla andare salva, tutte le sue afflizioni, cedendo in suo favore i frutti di tali sofferenze, se il Signore me lo permettesse"*.

AMORE PER I SOFFERENTI

Il grande amore che il padre ebbe per il prossimo, talvolta lo fece ammalare fisicamente. Egli desiderava e spasimava per la salvezza e la felicità dei fratelli a tal punto da dover ammettere: *"Sono vertiginosamente trasportato a vivere per i fratelli e per conseguenza ad inebriarmi e satollarmi di quei dolori che pur vado irresistibilmente lamentando"*.

In una lettera del 20.1.1921, a proposito del suo amore e del suo interesse per i fratelli, così scrive: *"Per i fratelli, poi, ahimè, quante volte per non dire sempre,... mi tocca dire a Dio Giudice con Mosè:* 'O perdona questo popolo o cancellami dal libro della Vita'.".

Nella stessa lettera precedentemente aveva descritto così il suo stato d'animo, la tensione dell'amore che travolge il suo essere: *"Il tutto si compendia in questo: sono divorato dall'amore di Dio e dall'amore del prossimo"*. Poi commisera se stesso con una sublime espressione che illumina il suo intimo, divorato dall'amore: *"Che brutta cosa è vivere di cuore!"*. Quindi spiega la sua situazione: *"Bisogna morire in tutti i momenti di una morte che non fa morire: vivere morendo e morendo vivere"*. Questo intenso e bruciante amore non era per i soli fratelli di questo mondo, ma anche per quelli passati nell'altra vita e sempre membri della stessa famiglia di Dio.

Sulla base dell'espressione che abbiamo citato poc'anzi: *"Salgono su questa montagna per partecipare alle mie Messe e cercare le mie preghiere più anime del Purgatorio di quelle dei vivi,"* possiamo dire che egli pregava e soffriva continuamente per i vivi e per i morti.

Spesso questo suo dono di stare tra due mondi era anche di gran conforto per quelli che gli vivevano a fianco, specialmente per coloro che avevano da poco sofferto il lutto di aver perduto una persona cara.

I frati che vivevano con padre Pio assistevano di frequente a fenomeni straordinari. Ad esempio, una sera, raccontano, si era in piena seconda guerra mondiale, dopo il pasto serale e il convento era ormai chiuso. I frati sentirono alcune voci provenienti dall'ingresso, che distintamente gridavano: *"Viva padre Pio!"*.

Il superiore di quel tempo, padre Raffaele da S. Elia a Pianisi, chiamò il frate addetto alla portineria, a quel tempo fra Gerardo da Deliceto, e lo incaricò dì scendere, per rendersi conto di ciò che stava succedendo intorno alla porta di ingresso e quindi di pregare le persone che erano riuscite ad entrare nel convento, di andare via, data l'ora tarda. Fra Gerardo obbedì. Quando, però raggiunse il corridoio d'ingresso, trovò tutto in ordine, tutto buio, la porta di ingresso ben chiusa con le due barre di metallo ancora esistenti, che bloccavano la porta. Fece, quindi, una breve ispezione nei locali adiacenti e riferì al superiore il risultato dell'ispezione.

Le voci erano state udite distintamente da tutti e il superiore rimaneva perplesso, anche perché a quel tempo si parlava di spostare padre Pio a qualche altro convento e la popolazione di san Giovanni Rotondo era in allarme, per impedire questo trasferimento.

Il mattino dopo avvicinò padre Pio, con il quale aveva molta confidenza e gli riferì ciò che era successo la sera precedente, chiedendogli se anche lui avesse sentito quelle parole, quasi urlate, come per farsi sentire da tutti ad ogni costo. Padre Pio, senza dare molta importanza alla cosa, con molta calma, come se si trattasse della cosa più comune e ordinaria di questo mondo, tranquillizzò il superiore, spiegandogli che le voci che avevano gridato *"Viva padre Pio"* appartenevano a dei soldati defunti, venuti a ringraziarlo per le sue preghiere.

Quando aveva notizia di qualche persona conoscente defunta, padre Pio celebrava sempre una Santa Messa in suffragio.

LA MESSA DI PADRE PIO

Chi assisteva alla Messa del padre, ricorderà sempre il tempo che egli riservava al *"memento"* dei morti.

La parola *"memento"* è l'inizio della preghiera: *"Ricordati, Signore, dei defunti"*, cioè il sacerdote chiede a Dio di ricordarsi di essi proprio nel rito più solenne della Chiesa, quando si rinnova il sacrificio del Signore per la salvezza delle anime.

Padre Pio si fermava in questo ricordo per circa un quarto d'ora, come nota anche padre Agostino, che fu pure suo confessore.

Chi ricordava padre Pio ogni giorno? Certamente l'anima per la quale la Messa veniva celebrata. Infatti, secondo un'antica usanza, come abbiamo detto sopra, i fedeli generalmente fanno celebrare Messe per i propri defunti. Il Sacerdote presenta al Signore l'intenzione del richiedente e poi anche le altre anime che a lui stanno a cuore. Padre Pio faceva questo e poi si intratteneva con il Signore anche su altre anime.

SOFFERENZA DELLE ANIME PURGANTI

Padre Pio, uomo di grande preghiera e di continua sofferenza, per il dono delle stimmate, aveva certamente anche il dono di penetrare a fondo il mistero della sofferenza delle anime del Purgatorio. Si rendeva conto dell'intensità di quelle sofferenze.

Un giorno un suo confratello, cappuccino non sacerdote della provincia religiosa di Foggia, fra Modestino da Pietrelcina, chiese al padre: "Padre che cosa ne pensate delle fiamme del Purgatorio?". Ed egli di rimando: *"Se il Signore dovesse permettere all'anima di passare da quel fuoco a quello più bruciante di questa terra, sarebbe come passare dall'acqua bollente all'acqua fresca"*.

Il Purgatorio era qualcosa che padre Pio conosceva bene e quando parlava delle anime sofferenti non parlava per sentito dire o perché l'avesse letto nei libri, ma faceva riferimento alla sua personale esperienza.

Assieme a questa conoscenza aveva anche quella di conoscere esattamente le pene.

Un giorno fra Giuseppe Longo da san Giovanni Rotondo, fratello non sacerdote, andò da padre Pio per chiedere le sue preghiere per una giovane ammalata immobile su una sedia, che non riusciva a camminare. La famiglia della ragazza aveva insistito con lui per avere questa cortesia.

Fra Giuseppe si inginocchiò, come faceva sempre, ma distrattamente poggiò le ginocchia proprio sui piedi piagati di padre Pio, che per il dolore emise quasi un grido. Poi, eliminato l'inconveniente, con affetto disse al fratello, molto mortificato: *"È come se mi avessi fatto fare dieci anni di Purgatorio!"*.

Qualche giorno dopo fra Giuseppe andò a fare visita alla famiglia della ragazza per rassicurarla che aveva portato a compimento il mandato ricevuto presso padre Pio e che egli avrebbe pregato. Seppe, così che la ragazza aveva incominciato a camminare lo stesso giorno in cuì si era inginocchiato sui piedi di padre Pio!

Una volta gli fu chiesto: “Padre, come posso soffrire il Purgatorio qui sulla terra, in modo da poter poi andare direttamente in Paradiso?”.

Il Padre rispose: *“Accettando tutto dalle mani di Dio, offrendogli tutto con amore e ringraziamenti. Solo così possiamo passare dal letto di morte al Paradiso”*.

SOFFERENZE DI PADRE PIO

Un’altra volta gli fu anche chiesto: “Padre, lei soffre anche le pene dell’Inferno?”. Ed egli rispose: *“Sì, naturalmente”*. E ancora: “E anche le pene del Purgatorio?”. Rispose: *“Credimi, anche quelle. Certo, le anime del Purgatorio non soffrono più di me. Sono sicuro di non sbagliarmi”*.

Consideriamo quello che scrive padre Pio in una lettera al suo confessore padre Agostino da san Marco in Lamis, quando parla della sua anima immersa *“nell’alta notte dello spirito”*, ma carica d’amore per il suo Dio che non si fa trovare: *“Allorché sono in questa notte, io non saprei dirvi se mi trovo nell’Inferno o nel Purgatorio. Gli intervalli nei quali sento un po’ di luce nel mio spirito sono assai fugaci e, mentre mi domando allora conto del mio essere, mi sento in un baleno cadere in questo carcere tenebroso, istantaneamente perdo la memoria di tutti quei favori dei quali il Signore fu sì largo con l'anima mia".*

TESTIMONIANZA DI UN PROFESSORE

Racconta un professore, che durante la guerra era sfollato a san Giovanni Rotondo, che una sera del '43 si trovava solo con padre Pio, che si recava in coro nell'antica Chiesetta. Erano momenti di comunione e di comunicazione spirituali:

"Il padre ammaestrava nel modo più dolce, umile e penetrante; nelle sue parole io sentivo nel modo più persuasivo lo Spirito di Gesù.

Ci sedemmo su di una di quelle vecchie logore panche, nel punto in cui il lungo corridoio faceva angolo con l'altro lato, che portava al coro.

Quella sera trattò di due punti importanti della vita interiore: l'uno riguardava me, l'altro faceva riferimento alle anime del Purgatorio.

Ho potuto constatare, attraverso meditate deduzioni, che egli aveva una conoscenza chiara delle anime e dello stato di purgazione dopo la morte, nonché della durata delle pene che la divina Bontà assegna a ciascuno e stabilisce per sanzione delle offese arrecate, fino allo stato di purificazione totale, per attirare quelle anime nel cerchio del fuoco del Divino Amore, nella beatitudine senza fine".

Il professore, dopo avere parlato del primo punto, del suo stato d'animo, del cammino, della perfezione cristiana e della libertà dell'uomo, passando al secondo punto disse: "Un giorno io gli raccomandai l'anima di uno scrittore che io avevo preferito nelle mie letture giovanili. Non aggiunsi altro. Non feci il nome dello scrittore. Il padre intese perfettamente a chi alludevo. Si fece rosso in viso, come se ne provasse cruccio, pietà, dolore per quell'anima alla quale non erano mancati aiuti spirituali e preghiere. Poi disse: *'Ha amato troppo le creature!'* E chiedendogli io, più con lo sguardo che con le parole, quanto tempo quell'anima sarebbe rimasta in Purgatorio, rispose: *'Almeno cento anni'*.

A proposito, quella sera del lontano 1943, padre Pio mi disse: *'Bisogna pregare per le anime del Purgatorio. Non è credibile quanto esse possono fare per il nostro bene spirituale, per via della gratitudine che dimostrano a coloro che le ricordano in terra e pregano per loro'*.

Più tardi, alcuni anni dopo, il padre mi espresse su questo punto, a proposito di Genoveffa, in modo più completo il suo pensiero (Genoveffa di Troia, nata a Lucera il 21.12.1887 e morta a Foggia l'11.12.49, era una laica della fraternità francescana di Foggia, che ha fatto della sofferenza il suo mezzo di apostolato. Sin dalla tenera età è vissuta malata, con un corpo tutto piagato, a letto per ben cinquantotto anni. Di Genoveffa è a buon punto al causa di beatificazione). Padre Pio mi disse: *'È più gradita a Dio, tocca più addentro il cuore di Dio, la preghiera di chi soffre e di chi, soffrendo, chiede grazie a Dio per il bene del prossimo. La preghiera delle anime purganti è molto più efficace agli occhi di Dio, perché sono in uno stato di sofferenza, sofferenza di amore verso Dio, al quale aspirano, e verso il prossimo, per il quale pregano'.*

Un altro episodio che rammento in modo preciso mi fa meditare sull'efficacia della preghiera. Premetto che più di una volta ho sentito il padre esprimersi nel senso che il destino di un'anima dipende, se non proprio completamente in gran parte dalle disposizioni di spirito degli ultimi istanti di vita, da quegli estremi balenii di fede e di pentimento che possono salvare un'anima in grave pericolo di morte spirituale.

Qui ne parlo in senso positivo, cioè nell'esito della salvezza. Così diceva padre Pio:

'Tu ti meraviglierai, nel trovare in Paradiso anime che non ti saresti mai atteso di vedere lì'. Questo mi disse un pomeriggio dopo il 1950, non so precisare l'anno.

Alcuni anni dopo invece, io, con una certa angoscia, avendo saputo della morte di una persona notoriamente atea, almeno a parole, ne raccomandavo l'anima alle preghiere di padre Pio, che mi rispose: *'Ma se è già morta!...'.*

Io colsi il significato delle parole del padre, non nel senso che l'anima era perduta e neppure nel senso che ogni preghiera fosse ormai vana; al contrario, io volevo intendere che la sua preghiera poteva rimettere quell'anima nella condizione di purificarsi e salvarsi 'post mortem', e dissi: 'Ma Padre, per Iddio non esiste un prima e un poi, Iddio è eterno presente. La vostra preghiera può entrare nell'ordine delle condizioni richieste da Dio perché un'anima non si perda'.
Questo era il succo di ciò che io dissi se non proprio con le stesse parole. Il Padre arrossì molto con un sorriso meraviglioso e cambiò discorso".

Il Purgatorio nel pensiero di altri santi

CHE COS'È IL PURGATORIO?

Ogni minima pena del Purgatorio è più grave della massima pena del mondo. Tanto differisce la pena del fuoco del Purgatorio dal nostro fuoco, quanto il nostro fuoco differisce da quello dipinto.

San Tommaso d'Aquino

Dopo la morte, rare le anime che vanno direttamente in Paradiso: la moltitudine delle altre che muoiono in grazia di Dio deve essere purificata dalle pene acerbissime del Purgatorio.

San Roberto Bellarmino

Il Signore dispone che tante anime facciano il loro Purgatorio in terra e fra noi, sia per istruzione dei vivi, sia a suffragio dei defunti.

San Tommaso d'Aquino

Non credo che dopo la felicità dei santi che godono nella gloria, vi sia una gioia simile a quella delle anime purganti. È certo che queste anime conciliano due cose in apparenza irriducibili:

godono di una gioia somma e nello stesso tempo soffrono innumerevoli tormenti senza che le due cose così opposte si escludano e distruggano a vicenda.

Santa Caterina da Genova

LE ANIME DEL PURGATORIO CI AIUTANO

La mia vocazione religiosa e sacerdotale è una grazia immensa che attribuisco alla mia quotidiana preghiera per le anime del Purgatorio, che ancor bambino imparai da mia madre.

Beato Angelo D'Acri

Quando voglio ottenere qualche grazia da Dio ricorro alle anime del Purgatorio e sento di essere esaudita per la loro intercessione.

Santa Caterina da Bologna

Per la strada, nei ritagli di tempo, prego sempre per le anime del Purgatorio. Queste sante anime con la loro intercessione mi hanno salvato da tanti pericoli dell'anima e del corpo.

San Leonardo da Porto Maurizio

Non ho mai chiesto grazie alle anime del Purgatorio senza essere esaudita. Anzi, quelle che non ho potuto ottenere dagli spiriti celesti le ho ottenute per intercessione delle anime del Purgatorio.

Santa Teresa D'Avila

Ogni giorno ascolto la Santa Messa per le anime sante del Purgatorio; a questa pia consuetudine debbo tante grazie che continuamente ricevo per me e per i miei amici.

San Contardo Ferrini

I NOSTRI SUFFRAGI

Per quattro motivi dobbiamo meditare sul Purgatorio e pregare per le anime purganti.

1. Le pene del Purgatorio sono più acerbe di tutte le pene di questa vita.
2. Le pene del Purgatorio sono lunghissime.
3. Le anime purganti non possono aiutarsi da sé, ma solo noi possiamo suffragarle.
4. Le anime del Purgatorio sono moltissime, vi rimangono lunghissimamente, soffrono pene innumerevoli. *San Roberto Bellarmino*

La devozione delle anime purganti è la migliore scuola di vita cristiana: ci spinge alle opere di misericordia, ci insegna la preghiera, ci fa scoltare la Santa Messa, abitua alla meditazione e alla penitenza, sprona a compiere buone opere ed a fare l'elemosina, fa evitare il peccato mortale e temere il peccato veniale, causa unica della permanenza delle anime nel Purgatorio.

San Leonardo da Porto Maurizio

La preghiera per i defunti è più accetta a Dio di quella per i vivi perché i defunti ne hanno bisogno e non possono aiutarsi da sé, come possono invece fare i vivi.

San Tommaso d'Aquino

Per i vostri defunti, per dimostrare ad essi il vostro amore, non offrite solo viole, ma soprattutto preghiere; non curate soltanto la pompa funebre, ma suffragateli con elemosine, indulgenze, ed opere di carità; non preoccupatevi solo per la costruzione di tombe sontuose, ma specialmente per la celebrazione del santo Sacrificio della Messa.

Le manifestazioni esterne sono un sollievo per voi, le opere spirituali sono un suffragio per essi, da essi tanto atteso e desiderato.

San Giovanni Crisostomo

È certo che nulla è più efficace per il suffragio e la liberazione delle anime dal fuoco del Purgatorio, dell'offerta a Dio per esse del Sacrificio della Messa. *San Roberto Bellarmino*

Durante la celebrazione della Santa Messa quante anime vengono liberate dal Purgatorio! Quelle per cui si celebra non soffrono, accelerano la loro espiazione o volano subito in Cielo, perché la Santa Messa è la chiave che apre due porte: quella del Purgatorio per uscirne, quella del Paradiso per entrarvi per sempre.

San Gerolamo

Prega sempre la Santissima Vergine per le anime del Purgatorio. La Madonna attende la tua preghiera per portarla al trono di Dio e liberare subito le anime per cui tu preghi.

San Leonardo da Porto Maurizio

I mezzi principali con cui possiamo soccorrere e liberare le anime del Purgatorio sono:

1. La preghiera e l'elemosina
2. La Santa Messa e la Santa Comunione
3. Le indulgenze e le opere buone
4. L'atto eroico di carità

Jugie

L'EUCARESTIA E LE ANIME DEL PURGATORIO

La pena per la privazione della visione di Dio, per tutte le anime, e specialmente per le più vicine alla gloria, è immensamente temperata dall'Eucaristia. Per questo da tante rivelazioni sappiamo che quando si celebra la Messa per un'anima, essa non soffre o per lo meno è grandemente refrigerata, proprio per la presenza di Gesù sull'Altare.

Nessuna creatura della terra è adoratrice Eucaristica come un'anima purgante che partecipa ad una Messa celebrata per lei, o che si unisce per il suffragio all'adorazione della Chiesa per Gesù Sacramentato.

Ne abbiamo un esempio bellissimo in una apparizione avuta da santa Geltrude:

Una religiosa morta giovane e in grazia di Dio, dopo una vita passata in continua adorazione del Santissimo Sacramento, le apparve tutta sfolgorante di luce celeste, inginocchiata davanti al Divino Maestro, che faceva apparire dalle sue piaghe gloriose cinque raggi infiammati, che andavano a toccare dolcemente i cinque sensi della pia suora. Eppure, la religiosa sembrava triste, allora, santa Geltrude, piena di meraviglia, domandò al Signore come mai, mentre egli favoriva la sua serva in modo tanto speciale, questa sembrava non vivere una gioia perfetta.

Gesù le rispose:

"Fino ad ora quest'anima è stata giudicata degna di contemplare solamente la mia umanità glorificata e le mie cinque piaghe grazie alla sua devozione verso il mistero Eucaristico, ma non può essere ammessa alla visione beatifica a cagione di alcune macchie leggerissime da lei contratte nella pratica della Regola".

Poiché la santa intercedeva per lei, Gesù le fece conoscere che, senza numerosi suffragi, quell'anima non avrebbe potuto terminare la sua pena.

La stessa defunta fece capire a santa Geltrude di non voler essere liberata, prima di essersi completamente purificata, poiché l'amore che aveva per Dio, le faceva desiderare di comparirgli davanti tutta pura.

L'amore che in vita aveva avuto per Gesù sacramentato, le faceva contemplare la Divina umanità di lui, come l'aveva contemplata velata nell'Ostia Santa.

LA BEATA VERGINE MARIA E LE ANIME DEL PURGATORIO

La pena è anche straordinariamente temperata nelle anime che furono particolarmente devote di Maria. Questa dolcissima Mamma le va a consolare, ed essendo essa candore dell'Eterna luce e specchio senza macchia, mostra loro, in lei, lo splendore riflesso della gloria di Dio.

Maria è Madre della Chiesa, pertanto è vicina a ogni figlio, ma in modo speciale è accanto ai più deboli: ai piccoli, ai perseguitati, ai moribondi, a tutti coloro che non sono ancora riusciti a raggiungere una piena Comunione con Dio.

Tale posizione della Vergine è stata sottolineata anche dal Concilio Ecumenico Vaticano II:

"...assunta in Cielo non ha deposto questa funzione di salvezza, ma con la sua molteplice intercessione continua a ottenerci le grazie della salute eterna.
Con la sua materna carità si prende cura dei fratelli del Figlio suo ancora peregrinanti e posti in mezzo a pericoli e affanni, fino a che non siano condotti nella patria beata".

(Lumen Gentium 62)

Ora, tra coloro che ancora non sono stati ammessi alla Patria beata vi sono le anime del Purgatorio. E la Vergine interviene in loro favore. Perché, come ribadì a santa Brigida di Svezia, *"Io sono madre a tutti quanti stanno nel Purgatorio"*. Vari santi hanno, già prima del Vaticano II, sottolineato questo aspetto della funzione materna di Maria.

Ad esempio, sant'Alfonso Maria de' Liguori scrive:
"Essendo quelle anime (del Purgatorio) più bisognose di sollievo (...), né possono aiutarsi da loro stesse, molto più ivi questa Madre di Misericordia s'impegna a soccorrerle".

(Le glorie di Maria)

San Bernardino da Siena (1380-1444) afferma:
"La Vergine visita e soccorre le anime del Purgatorio, mitigando le loro pene.
Ella ottiene grazie e benedizioni per i devoti di queste anime, specie se tali fedeli recitano in suffragio dei defunti la preghiera del Rosario".

(cfr. Sermone 3 sul nome di Maria)

Santa Brigida di Svezia *(1303-1373)* scrive che la stessa Vergine le ha rivelato che le anime del Purgatorio si sentono sostenute al solo udire il nome di Maria. Di altri segni di Misericordia della Madre di Gesù sono ricchi i secoli.

Si pensi alla storia dei vari Ordini Religiosi ove l'azione della Madonna risulta visibilmente a favore della Chiesa pellegrinante sulla terra, ma anche di quella che si purifica in Purgatorio.

E le stesse vicende collegate all'uso dello scapolare presso i Carmelitani dimostrano come un autentico amore verso Maria, fecondo di opere di carità, riceve da lei risposte che riversano un particolare influsso positivo anche sulle anime del Purgatorio.

In ultimo giova ricordare la testimonianza di una religiosa polacca, la santa Faustina Kowalska (1905-1938).
Ella scrive nel diario:

"In quel tempo domandai al Signore Gesù: 'Per chi ancora devo pregare?'. Gesù mi rispose che la notte seguente mi avrebbe fatto conoscere per chi dovevo pregare. Vidi l'Angelo Custode, che mi ordinò di seguirlo. In un momento mi trovai in un luogo nebbioso, invaso dal fuoco e, in esso, una folla enorme, di anime sofferenti. Queste anime pregano con grande fervore, ma senza efficacia per loro stesse: soltanto noi le possiamo aiutare. Le fiamme che bruciavano loro, non mi toccavano. Il mio Angelo Custode non mi abbandonò un solo istante. E chiesi a quelle anime quale fosse il loro maggior tormento. Ed unanimemente mi risposero che il loro maggior tormento è l'ardente desiderio di Dio. Scorsi la Madonna che visitava le anime del Purgatorio. Le anime chiamano Maria 'Stella del Mare'. Ella reca loro refrigerio".

(Diario di suor Faustina Kowalska, p. 11)

ATTO EROICO DI CARITÀ

È noto dal Catechismo che per ogni opera cristiana compiuta in grazia di Dio si acquistano tre meriti:

1. Un aumento di gloria per il Cielo.
2. Un aumento di grazia per il presente.
3. Una riduzione delle pene dovute alle colpe passate, che debbono essere espiate in terra o nel Purgatorio.

Ai primi due meriti non si può rinunciare, sono inalienabili; al terzo, invece, si può rinunciare e può essere applicato alle sante anime del Purgatorio: questo atto personale costituisce l'atto eroico di Carità che consiste nel "fare alla Maestà divina, a vantaggio delle anime del Purgatorio, l'offerta di tutte le proprie opere soddisfattorie durante la vita e di tutti i suffragi che ci possono venire applicati dopo la nostra morte".

Questo atto eroico può essere fatto col cuore ed è valido, non occorre una formula esterna. È bene farlo dopo la Santa Comunione. Quante anime possiamo liberare dalle terribili pene del Purgatorio con questo santissimo atto di Carità.

Jugie

AMMONIMENTO AI VIVI

Con troppa facilità voi peccate e tornate ancora a peccare. Se provaste per un solo istante quante, quanto gravi, quanto lunghe pene dovrete soffrire in Purgatorio commettendo anche il solo peccato veniale, lo evitereste più della morte.

Pregate per noi che espiamo le nostre colpe passate, evitate il peccato, ogni peccato, causa unica di queste inaudite sofferenze.

Predicate a tutti quanto siano gravi queste pene ove dovranno essere espiati i peccati che in vita gli uomini tanto facilmente commettono.

Cronache dei Minori

Gesù Cristo apparve a santa Gertrude in punto di morte e le disse: *"Coraggio e fiducia. Tra breve sarai in Cielo. Ecco la moltitudine di anime da te liberate dal Purgatorio: ti vengono incontro con canti di esultanza per accompagnarti al premio eterno in Paradiso".*

Vita di santa Gertrude

LUOGO DI PURIFICAZIONE

Dalla visione del monaco Wetti emergono tre elementi molto importanti:

1. *La presenza e la lotta di angeli e demoni per l'anima dell'uomo agonizzante.*

Wetti, gravemente malato, vede avvicinarsi al suo letto Satana, dal volto repellente, con in mano strumenti di tortura, accompagnato dai suoi demoni. Ma Dio misericordioso permette che i suoi angeli accorrano in soccorso di Wetti. Uno, in particolare, lo invita a meditare il Salmo *118 (119)*.

2. *Il Purgatorio come un unico luogo di purificazione.*

L'angelo accompagna Wetti in un viaggio nell'aldilà, dove il monaco può vedere le sofferenze dei dannati e subito dopo una montagna, dove, subendo varii supplizi, si purificano le anime di uomini e donne di varia condizione.

3. *L'intercessione presso Dio, per la salvezza dell'anima, degli angeli e dei santi.*

In Paradiso Wetti incontra, per quanto la sua umanità lo può sopportare, Cristo Signore.

All'intercessione dell'angelo e dei santi perché Wetti si salvi, Cristo risponde: *"Avrebbe dovuto avere una condotta esemplare e non l'ha avuta".*

Tuttavia per l'intercessione degli angeli e dei beati viene data occasione a Wetti di salvarsi se, tornato in vita, offre buon esempio con le opere e la dottrina.

Fondamentale è anche un'altra visione, quella di santa Francesca Romana che vide il Purgatorio diviso in tre parti distinte.

Nella regione superiore stanno le anime che soffrono la sola pena del danno, cioè della privazione della visione di Dio, o qualche pena mite e di poca durata, per renderle degne della visione e del godimento di Dio.

Nella regione media, dove vide scritto: "Purgatorio", soffrono le anime che commisero colpe leggere, o che debbono, aggiungiamo noi, liberarsi dalle pene dei peccati mortali perdonati quanto alla colpa.

In fondo all'abisso, e in vicinanza dell'Inferno, vide la terza regione, ossia il "Purgatorio Inferiore", tutto pieno di un fuoco chiaro e penetrante, diverso da quello dell'Inferno che è oscuro e tenebroso.

Questa terza regione la vide divisa in tre scompartimenti, dove le pene vanno gradatamente aumentando a seconda delle responsabilità delle anime e del grado di gloria e di felicità al quale debbono giungere; il primo è riservato ai secolari, il secondo ai chierici non ordinati in sacris; il terzo ai sacerdoti ed ai vescovi.

Deve ritenersi che questo terzo scompartimento abbia un luogo più infimo ancora, riservato ai religiosi ed alle religiose, che, avendo avuto maggiori mezzi di santificazione e maggiori lumi da Dio, hanno una maggiore responsabilità nelle loro colpe e, quindi, un maggiore bisogno di espiazione.

FEDE, SPERANZA, CARITÀ NELL'ANIMA PURGANTE

Santa Caterina da Genova ebbe numerose esperienze mistiche che le permisero di conoscere nel più profondo del suo cuore le sofferenze e le gioie delle anime del Purgatorio.

"In Purgatorio l'anima vive la fede, al massimo grado, non essendo ancora giunta alla visione immediata di Dio, che squarcia ogni nebbia e la fa vivere nella luce eterna. Lo stesso vale per la speranza, che può dirsi la virtù propria del Purgatorio, perché l'anima, non conoscendo il termine e i limiti della sua purificazione, desidera ardentemente Dio, con un'intensità di amore, del quale non possiamo formarci nessuna idea. Anche l'amore che i più grandi santi hanno avuto in terra

verso Dio, è piccola cosa in confronto alla carità di un'anima in Purgatorio. Per questo tanti santi, prima di ascendere al Cielo sono passati per il Purgatorio, anche per poco, come risulta da tante loro manifestazioni ad anime buone. L'anima santa e pura, ha bisogno di un ultimo slancio di amore che la spinga verso Dio, e questo slancio può averlo solo in Purgatorio".

Santa Caterina da Genova nel suo ammirabile trattato sul Purgatorio, ce ne dà la ragione. Essa dice:
"L'anima santa è attratta potentemente da Dio, che l'ama infinitamente, e mente umana non può misurare la forza di quest'attrazione, diremmo quasi magnete infinito che attira il piccolo atomo di ferro. L'anima santa attratta così, è per poco nel Purgatorio, non nelle fiamme della purificazione ma nelle fiamme di un immenso amore, che è come lo scoppio che la spinge definitivamente a Dio che l'attrae. È allora che l'anima compie la sua piena unione alla Volontà di Dio".

LE GIOIE DEL PURGATORIO

Dalle rivelazioni di santa Caterina da Genova emergono tre diversi motivi di gioia per cui le anime starebbero volentieri nelle pene del Purgatorio:

1. Considerazione della Misericordia di Dio.

"Io vedo quelle anime stare volentieri nelle pene del Purgatorio per due motivi: il primo è per loro la considerazione della Misericordia di Dio, perché intendono che se la sua bontà non temperasse la giustizia con la misericordia, soddisfacendola col prezioso sangue di Gesù Cristo, un solo peccato meriterebbe mille inferni.

Esse, infatti, percepiscono con una luce speciale la grandezza e la santità di Dio, e, soffrendo, godono di adornare la grandezza e di riconoscerne la santità. La loro gioia è come quella dei Martiri che soffrivano per adorare e testimoniare Dio vivente e Gesù Cristo Redentore, ma la supera in grado eminente".

2. Vedersi nell'amore di Dio.

"L'altro motivo di gioia nell'espiazione, è per le anime il vedersi nella Volontà di Dio, e l'ammirare ciò che l'amore e la Misericordia divina operano verso di loro. Queste due percezioni Dio le impri-

me nelle loro menti in un istante, e siccome esse sono in grazia, le intendono e le capiscono seconda la propria capacità, riportandone grande gioia.

Questa gioia poi va crescendo tanto in esse, quanto più si avvicinano a Dio. La più piccola intuizione, infatti, che si può avere di Dio, eccede ogni pena ed ogni gaudio che l'uomo possa immaginare. Perciò le anime purganti accettano con gioia le pene che, purificandole, le avvicinano più a Dio, e veggono a mano a mano cadere l'ostacolo che impedisce loro di possederlo e di goderlo".

3. Conforto dell'amore di Dio.

"La terza gioia delle anime purganti è il conforto dell'amore, perché l'amore rende facile ogni cosa. Le anime purganti sono in un mare di amore".

Suffragi per le anime del Purgatorio

Tre sono le opere di suffragio che possono dare sollievo alle anime del Purgatorio perché hanno un effetto meraviglioso su di loro:

- La Santa Messa: la potenza amorosa di Gesù che si offre per sollevare le anime.
- Le Indulgenze: la ricchezza della Chiesa, donata alle anime del Purgatorio.
- La Preghiera: la nostra potenza.

La Santa Messa

La Santa Messa è da considerarsi il miglior suffragio per le anime del Purgatorio.

Già san Tommaso aveva indicato nella Messa il miglior mezzo per liberare le anime sofferenti, tre secoli prima che il Concilio di Trento si pronunciasse esplicitamente "Le anime del Purgatorio sono sollevate dai suffragi dei fedeli, ma soprattutto dal prezioso sacrificio dell'altare".

"Far celebrare la Santa Messa per i cristiani, vivi o defunti, in particolare quelli per cui si prega in modo speciale perché vengano così sollevati dai tormenti, farà abbreviare le loro pene; inoltre, ad ogni Celebrazione Eucaristica più anime escono dal Purgatorio.

Con la Santa Messa, dunque, il sacerdote e i fedeli chiedono e ottengono da Dio la grazia per le anime del Purgatorio, ma non solo: il beneficio speciale spetta sì all'anima per cui la Messa è celebrata, ma del suo frutto generale è l'intera Chiesa a goderne.

Essa, infatti, nella Celebrazione comunitaria dell'Eucaristia, mentre chiede e ottiene il ristoro delle anime dei fedeli e la remissione dei peccati, aumenta, rinsalda e risveglia la sua unità, segno visibile dell'invisibile "Comunione dei Santi".

All'offerta di Cristo, nel sacrificio eucaristico, si uniscono, infatti, non solo i membri che sono ancora sulla terra, ma anche quelli che si trovano già nella Gloria del Cielo così come quelli che stanno espiando le proprie colpe in Purgatorio.

La Santa Messa è offerta, dunque, anche per i defunti che sono morti in Cristo e non sono ancora pienamente purificati, così da poter entrare nella Luce e Pace di Cristo. Nell'anafora, inoltre, la Chiesa prega per i Santi Padri, i vescovi e tutti coloro che sono morti, convinti che la Santa Messa sia la migliore offerta a Dio per le anime che soffrono in Purgatorio, poiché è l'offerta di Cristo stesso immolato per i nostri peccati".

(Dal Catechismo della Chiesa Cattolica nn. 1370-72)

LE MESSE DETTE "GREGORIANE"

Tra ciò che può essere offerto a Dio in suffragio dei defunti, san Gregorio *(540-604)* esalta, in assoluto, il Sacrificio Eucaristico: a lui si deve l'introduzione della pia pratica delle trenta Messe continue, dette appunto gregoriane.

Istituì tale devozione in seguito a un episodio avvenuto nel suo convento al Celio (in Roma).

Un monaco, esperto in medicina, di nome Giusto, gravemente ammalato confida al fratello Copioso di aver tenute nascoste tra i medicinali tre monete d'oro.

Copioso avverte del fatto Gregorio che prende dei severissimi provvedimenti contro Giusto, che ha violato la Regola del convento che stabilisce la comunione di beni tra monaci.

Da quel momento Giusto viene abbandonato a se stesso. Senza visite, né alcun genere di conforto. Nell'abbandono e nella sofferenza dell'agonia, il monaco si pente del suo peccato e "la sua anima abbandonò il corpo nella stessa tristezza".

Il suo corpo è buttato in un letamaio, con le tre monete d'oro, mentre i monaci esclamano: *"Che il tuo denaro sia con te per la tua perdizione"*.

Pur nella certezza che Giusto è dannato, Gregorio tuttavia, per scrupolo, affida il seguente incarico a Prezioso (priore del monastero): *"Vai dunque, e da oggi stesso per trenta giorni di seguito fai in modo di offrire per lui il sacrificio, affinché non sia assolutamente tralasciato alcun giorno, nel quale non sia offerta per la sua assoluzione l'Ostia salutare"*.

Dopo i trenta giorni Giusto appare al fratello Copioso per dirgli di essere ormai libero da ogni pena.

Commenta san Gregorio: *"Concordando simultaneamente visione e sacrificio, apparve con chiarezza che il fratello, che era morto, scampò al supplizio grazie all'Ostia salutare"*.

Le indulgenze un dono della misericordia di Dio

"Mediante le indulgenze i fedeli possono ottenere per se stessi, e anche per le anime del Purgatorio, la remissione delle pene temporali, conseguenze dei peccati".

(dal Catechismo della Chiesa Cattolica, n. 1498)

Il Catechismo tratta l'argomento delle indulgenze al n. 1032 e, in modo sistematico, dal n. 1471 al n. 1479.

Ma il testo fondamentale, come vedremo, è il *Manuale delle Indulgenze*, edito dalla Libreria Editrice Vaticana, 1999.

La celebrazione del Giubileo del 2000 ci ha mostrato folle di pellegrini venute a Roma con gioia e commozione da tutto il mondo per ottenere l'indulgenza plenaria.

Ma questa fonte di grazia, per i vivi e per i defunti, la Chiesa non la mette a disposizione solo ogni venticinque anni. L'indulgenza, sia plenaria che parziale, può essere ottenuta in molti casi e circostanze, anche ogni giorno.

Vogliamo, perciò, rendere più utile questo libretto parlandone brevemente.

Che cos'è l'indulgenza? Ecco quanto scrive in

proposito il Catechismo della Chiesa Cattolica:

"L'indulgenza è la remissione dinanzi a Dio della pena temporale dei peccati, già rimessi quanto alla colpa, remissione che il fedele, debitamente disposto e a determinate condizioni, acquista per intervento della Chiesa, la quale, come ministra della redenzione, autoritativamente dispensa ed applica il tesoro delle soddisfazioni di Cristo e dei santi. L'indulgenza è parziale o plenaria secondo che libera in parte o in tutto dalla pena temporale dovuta per i peccati".

(Catechismo della Chiesa Cattolica, 1471)

Un organismo, come reazione all'introduzione di antigeni (i germi patogeni che causano le malattie), produce alcune sostanze proteiche, gli "anticorpi", che combattono questi germi e fanno guarire. Qualche cosa di analogo avviene in quell'organismo spirituale che è il Corpo Mistico di Cristo, cioè la Chiesa. I meriti di Gesù Cristo, della Vergine e dei santi diventano difesa contro le malattie spirituali di tutti i membri del Corpo Mistico.

La Chiesa, facendo tesoro del potere di sciogliere e di legare conferito da Gesù ai suoi apostoli, e quindi alla Chiesa stessa, ha utilizzato nei vari secoli, in vario modo, questo strumento della misericordia di Dio in favore dei vivi e dei defunti.

Nel XX secolo tutta la materia riguardante le

indulgenze è stata riveduta e riordinata dal Papa Paolo VI che, il 1 gennaio 1967, ha proclamato la nuova Costituzione Apostolica *"Indulgentiarum Doctrina"*.

A questa ha fatto seguito l' *"Enchiridion Indulgentiarum"*, cioè l'elenco completo e riveduto di tutte le indulgenze plenarie e parziali, compilato dalla Penitenzieria Apostolica, per volere e sotto la direzione dello stesso Paolo VI.

Il tutto è raccolto nel *"Manuale delle Indulgenze, Norme e Concessioni"*, pubblicato in prima edizione nel luglio 1968 (L.E.V.), seguita da numerose ristampe e nuove edizioni, la più recente della quale, la quarta edizione, è dell'Ottobre 1999 e ha annullato tutte le versioni precedenti, divenendo la versione di riferimento. Tale opera costituisce il testo fondamentale in materia di indulgenze.

Le pagine che seguono sono attinte, in maniera molto succinta, e necessariamente non completa, da tale documento.

Le parti prese integralmente dal testo vaticano sono riportate tra virgolette e in corsivo.

Citiamo anzitutto alcuni criteri direttivi contenuti nella Costituzione *"Indulgentiarum Doctrina"* di Paolo VI:

"Il fine che l'Autorità ecclesiastica si propone nella elargizione delle indulgenze, è non solo di aiutare i fedeli a scontare le pene del peccato, ma anche di spingere gli stessi a compiere opere di pietà, di penitenza e di carità, specialmente quelle che giovano all'incremento della fede e al bene comune".

"Se poi i fedeli offrono le indulgenze in suffragio dei defunti, coltivano in maniera eccellente la carità e, mentre elevano la mente al cielo, ordinano più saggiamente le cose terrene".

"...Pertanto l'uso delle indulgenze eccita efficacemente alla carità e la fa esercitare in modo eminente, allorché viene offerto un aiuto ai fratelli che dormono in Cristo.

"Parimenti il culto delle indulgenze ridesta la fiducia e la speranza di una piena riconciliazione con Dio Padre...".

"Le indulgenze,... sebbene siano delle elargizioni gratuite, sono tuttavia concesse sia per i vivi che per i defunti solo a determinate condizioni... che il fedele... ami Dio, detesti il peccato, riponga la sua fiducia nei meriti di Cristo e creda fermamente nel grande aiuto che gli viene dalla comunione dei santi...".

"La Santa Madre Chiesa... non intende assolutamente diminuire il valore degli altri mezzi di santificazione e di purificazione ed in primo luogo

del sacrificio della Messa e dei sacramenti, specialmente del sacramento della penitenza. Né vuole diminuire l'importanza di quegli aiuti abbondanti, che sono i sacramentali, e delle opere di pietà, di penitenza e di carità".

Nelle note introduttive al documento si precisa infatti che il principio ispiratore della riforma è stato *"di dare maggiore respiro alla vita cristiana e di educare, più che alla ripetizione di formule e pratiche, allo spirito di orazione e di penitenza e all'esercizio delle virtù teologali"*; ciò perché *"le mutate condizioni dei tempi, sembrano particolarmente adatte non solo per aiutare i fedeli a soddisfare le pene dovute ai loro peccati, ma anche e soprattutto per spingerli ad un maggiore fervore di carità".*

(Note previe, nn. 2 e 4, passim.)

In seguito alla riforma è stata abolita ogni distinzione in giorni, mesi ed anni: le indulgenze sono distinte solo in plenarie o parziali. Inoltre *"è abolita la divisione delle indulgenze in personali, reali e locali perché più chiaramente sia chiaro che le indulgenze sono concesse alle azioni dei fedeli, sebbene esse siano talvolta collegate ad un oggetto o ad un luogo".*

Vediamo qualche norma:

"Nessuno può applicare le indulgenze che

acquista ad altri che siano ancora in vita".

"Le indulgenze sia parziali che plenarie possono essere sempre applicate ai defunti a modo di suffragio".

"Il fedele, che almeno con cuore contrito compie un'azione alla quale è annessa l'indulgenza parziale, ottiene in aggiunta alla remissione della pena temporale, che percepisce con la sua azione, altrettanta remissione di pena per l'intervento della Chiesa".

"Il fedele che devotamente usa un oggetto di pietà (crocifisso o croce, corona, scapolare, medaglia) benedetto da un sacerdote qualsiasi, può lucrare un'indulgenza parziale. Se poi tale oggetto è benedetto dal Sommo Pontefice o da un vescovo, il fedele, che devotamente lo usa, può acquistare anche l'indulgenza plenaria nella solennità dei santi apostoli Pietro e Paolo, aggiungendovi però la professione di fede con qualsiasi legittima formula".[1]

---

[1] *L'importanza religiosa delle immagini sacre (purché usate devotamente dal fedele) oltre ad essere testimoniata dalla secolare tradizione cattolica, è stata ribadita di recente dal nuovo Catechismo (cfr. Catechismo della Chiesa Cattolica, 476-477; 1159-1162; 2129-2132).*

Non ci sembra inopportuno riportare, a tale riguardo, le parole del messaggio di Medjugorje del 18 luglio 1985:

"Cari figli, oggi vi invito a collocare nelle vostre case numerosi

"L'indulgenza plenaria può essere acquistata una sola volta al giorno".

"L'indulgenza parziale, invece, può essere acquistata più volte al giorno, salvo esplicita indicazione in contrario".

"Per acquistare l'indulgenza plenaria, oltre l'esclusione di qualsiasi affetto al peccato anche veniale, è necessario eseguire l'opera indulgenziata e adempiere tre condizioni: confessione sacramentale, comunione eucaristica e preghiera secondo le intenzioni del Sommo Pontefice".

Quest'ultima consiste nel recitare, secondo le intenzioni del Papa, un *Padre nostro* e un'*Ave Maria*; tuttavia *"è lasciata libertà ai singoli fedeli di recitare qualsiasi altra preghiera secondo la pietà e la devozione di ciascuno".*

Prima di passare alle specifiche indulgenze, la nuova riforma prevede tre concessioni di carattere generale. Esse sono:

1. "Si concede l'indulgenza parziale al fedele che, nel compiere i suoi doveri e nel sopportare le avversità della vita, innalza con umile fiducia l'a-

oggetti sacri, e ogni persona porti addosso qualche oggetto benedetto. Benedite tutti gli oggetti; così Satana vi tenterà di meno, perché avrete la necessaria armatura contro Satana. Grazie per aver risposto alla mia chiamata!".

nimo a Dio, aggiungendo, anche solo mentalmente, una pia invocazione".

2. ***"Si concede l'indulgenza parziale al fedele che, con spirito di fede e con animo misericordioso, pone se stesso o i suoi beni al servizio dei fratelli che si trovino in necessità".***

3. ***"Si concede l'indulgenza parziale al fedele che, in spirito di penitenza, si priva spontaneamente e con suo sacrificio di qualche cosa lecita".***

4. ***"Si concede l'indulgenza parziale al fedele che, in particolari circostanze della vita quotidiana, rende spontaneamente aperta testimonianza di fede davanti agli altri".***

Non può sfuggire l'importanza di queste quattro concessioni al fine di stimolare nel fedele, al di là di ogni forma di devozione o di preghiera, una condotta di vita ispirata ai princìpi fondamentali del Vangelo.

Ora, veniamo ad alcune indulgenze particolari che riportiamo succintamente e in maniera del tutto incompleta.

Iniziamo dalle indulgenze plenarie (che liberano in tutto dalla pena temporale dovuta per i peccati).

Si può guadagnare l'**indulgenza plenaria** in queste occasioni:

- adorazione del Santissimo Sacramento per almeno mezz'ora;

- recita consecutiva delle cinque decine del Rosario mariano meditando i misteri del Rosario, in chiesa, in famiglia o in comunità;

- esercizio della Via Crucis;

- lettura della Sacra Scrittura fatta per almeno mezz'ora;

- visita di una chiesa dal 1 novembre a mezzogiorno al 2 novembre a mezzanotte, solamente per i defunti;

- visita di un cimitero in uno dei giorni dal 1 all'8 novembre inclusi, solo per i defunti;

- partecipazione ad una cerimonia solenne di una prima Comunione o di una Messa di un sacerdote o per un anniversario sacerdotale di venticinque, cinquanta o sessant'anni;

- rinnovo delle promesse battesimali nel corso di una veglia pasquale;

- adorazione della Croce durante la cerimonia solenne del Venerdì Santo;

- benedizione papale ricevuta anche ascoltando la radio o la televisione.

Precisiamo che, al momento della morte, la Chiesa si mostra particolarmente misericordiosa per accordare l'indulgenza plenaria.

Essa è donata per mezzo di un prete, ritualmente, oppure acquistata dal morente mediante il semplice fatto di baciare il Crocifisso, purché egli abbia recitato durante la vita qualche preghiera. Se le condizioni indicate sopra (confessione, comunione, preghiera per il santo Padre, non attaccamento al peccato) non possono essere compiute interamente, l'indulgenza è solamente parziale. Tuttavia non c'è l'obbligo di confessarsi e comunicarsi lo stesso giorno. Si può fare entro alcuni giorni che precedono e che seguono. Quando si ha l'abitudine di confessarsi regolarmente, ciò basta a far guadagnare parecchie indulgenze plenarie.

Come si è già avuto modo di dire, si può guadagnare una sola indulgenza plenaria al giorno, ma diverse indulgenze parziali di cui è arricchita la maggior parte delle grandi preghiere della Chiesa.

Alcune preghiere alle quali è annessa l'**indulgenza parziale**:
"A Te, Beato Giuseppe...".
"Angelo di Dio...".
"Angelus Domini...".
"Anima di Cristo, Santificami...".
Atto di Comunione spirituale.
"Credo...".
Ufficio dei defunti.
Recita del Salmo 130 *"Dal Profondo..."*.
Recita del Salmo 51 *"Miserere..."*.
"Eccomi, o mio amato e buon Gesù...".
"Gesù, dolcissimo..." (consacrazione a Cristo Re).
Litanie del Santissimo Nome di Gesù.
Litanie del Sacro Cuore di Gesù.
Litanie del Preziosissimo Sangue.
Litanie della Beata Vergine Maria.
Litanie di San Giuseppe.
Litanie dei Santi.
"Magnificat...".
"Ricordati, o piissima Vergine...".
Preghiera per le vocazioni sacerdotali o religiose.
Preghiera per l'unione dei cristiani.
"L'Eterno riposo...".
"Salve, Regina...".
Segno della Croce (fatto bene e devotamente).
Tantum ergo (*"Adoriamo il Sacramento..."*).
"Te Deum" (inno di ringraziamento: l'indulgenza è parziale, ma diventa plenaria se si recita questo

pubblicamente nell'ultimo giorno dell'anno).
"Veni Creator..." (anche in quest'altra preghiera, l'indulgenza è parziale, ma diventa plenaria se recitata pubblicamente a Capodanno e nella solennità della Pentecoste).
"Vieni Santo Spirito...".

Questo elenco, come abbiamo detto, è del tutto incompleto.

Ribadiamo, comunque, che sono indulgenze parziali ciascuno degli atti concreti di fede, di speranza e di amore operati nel corso di una vita, in seno alle prove a cui la vita stessa pone dinanzi, o nel compimento dei nostri diversi doveri; come pure tutti gli atti di carità verso il prossimo, le pratiche di digiuno e di astinenza fatte volontariamente, ma anche tutte le pie invocazioni, giaculatorie note o pensieri spontanei rivolti a Dio, alla Vergine, alla Santa Famiglia (nel *Manuale delle Indulgenze* c'è tutto un elenco, ma solo a titolo di esempio).

Questo Manuale è veramente prezioso!

A tutti consigliamo di leggerlo e di metterne in pratica i suggerimenti.

Ognuno può ricavarne immensi benefici, per se stesso e per i propri defunti.

Lode al Signore e alla Chiesa!

La Preghiera

La preghiera è come una rugiada fresca che parte dalla nostra anima, sale verso il Cielo e, come pioggia salutare, ricade sulle anime purganti. Anche una semplice aspirazione, una giaculatoria, un atto breve di amore a Dio, hanno un'efficacia straordinaria di suffragio.

Il padre Rossignoli, nella sua opera sul Purgatorio, racconta che un religioso aveva l'abitudine di recitare un *Eterno Riposo* ogni qualvolta che passava innanzi ad un cimitero. Un giorno, distratto da gravi pensieri, dimenticò la preghiera. Ebbe, allora, l'impressione di vedere i morti uscire dalle loro tombe e seguirlo cantando il versetto 7 del Salmo 128: *"E non dissero quelli che passavano: la benedizione del Signore sia sopra di voi"*. A queste parole il religioso, confuso e mortificato, rispose con le altre parole del Salmo: *"Vi benediciamo nel nome del Signore"*, ed allora ebbe l'impressione che i morti, suffragati da quella invocazione, ritornassero nelle loro tombe.

Se una piccola invocazione fu di suffragio a quelle anime, una preghiera costante e perseverante, non le solleva solo per un momento, ma le arricchisce, abbreviando il tempo della loro purificazione.

L'anima, pregando in grazia di Dio, diventa intermediaria tra l'anima purgante e Dio, e Dio per l'amore che nutre verso di loro, accetta la sua preghiera come una riparazione offerta per le responsabilità dell'anima purgante, come un pagamento anche parziale dei suoi debiti, cone una purificazione che la rende capace dell'immensa grazia dell'eterna felicità.

Chi prega, dunque, per i defunti, deve stare in grazia di Dio, diversamente non può essere mediatore tra l'anima e Dio.

Tra le preghiere che possiamo fare per i defunti, hanno più valore e più efficacia quelle della Chiesa, che sono presentate a Dio non solo a nome di chi prega, ma a nome di tutta la Chiesa, della quale sono l'espressione ed il sospiro *(vedi anche il capitolo "Indulgenze un dono della Misericordia di Dio", pag. 193).*

Tra queste preghiere primeggia l'*Ufficio dei Defunti*, purché sia recitato con profonda comprensione e pietà, ed è consigliabile per i fedeli che ignorano il latino di recitarlo nella propria lingua. Oggi se ne trovano ottime traduzioni che facilitano questa pia pratica. In mancanza dell'Ufficio dei Morti, anche la recita del *De profundis*, riesce di sollievo alle anime purganti, perché è, come l'*Eterno Riposo*, la preghiera consacrata dalla Chiesa alle anime purganti.

Preghiera efficacissima per le Indulgenze che vi sono annesse e perché ricorda la Passione di Gesù

Cristo è la *Via Crucis*.

Preghiera oltremodo gradita al Signore ed alla Vergine santissima è il santo Rosario, al quale sono anche annesse preziosissime indulgenze, che con la Corona di Cento Requiem detta per le anime purganti è di efficace refrigerio per loro.

Giorni poi di speciali preghiere per i morti sono il terzo, il settimo ed il trigesimo dal loro trapasso, e per pia consuetudine popolare il lunedì di ogni settimana ed anche l'intero mese di Novembre, dedicato ai morti.

A tutte queste od altre preghiere per i defunti, bisogna aggiungere la santa Confessione e Comunione, e bisogna che, in occasione della morte di una persona cara, i parenti tutti si confessino e si comunichino per l'anima sua. Non c'è testimonianza più bella di premuroso affetto per un defunto, quanto quello di mettersi in grazia di Dio o di accrescere la grazia nella propria anima con l'assoluzione ed il ricevere Gesù, supplendo con l'amore alle deficienze dei defunti, e specialmente di quelli che furono poco praticanti in vita.

Codice 8147

Preghiere per le Anime dei nostri defunti in Purgatorio

Formato cm. 12 x 19

Pagine 448

Prezzo € 7,00

Tra i fedeli (...) che stanno espiando le loro colpe nel Purgatorio, e quelli che ancora sono pellegrini sulla terra esiste certamente un vincolo perenne di carità ed un abbondante scambio di tutti i beni".

(Catechismo della Chiesa Cattolica, n. 475)

Che cos'è l'indulgenza?
Preghiere del mattino
Preghiere durante il giorno
Preghiere della sera
La Santa Messa
La Confessione
Preghiere, supplica, offerta
e coroncine davanti al Crocifisso
La Via Crucis
Preghiere al Sacro Cuore
Preghiere di adorazione al Santissimo Sacramento
Le Novene
Preghiere alla Beata Vergine Maria
Ufficio dei defunti

"Per quanti si trovano in condizione di suprema apertura a Dio, ma in modo imperfetto, il cammino verso la piena beatitudine richiede una purificazione, che la fede della Chiesa illustra attraverso la dottrina del "purgatorio".

Papa Giovanni Paolo II

La Chiesa Cattolica non rimane limitata alla terra, ma ha confini sterminati ed immensi, perché abbraccia in Cielo i Beati, nel Purgatorio le anime penanti, e sulla terra quelli che vi passano peregrinando nelle prove della vita. È una sola grande famiglia, nella quale tutto è posto in perfetta comunione: le gioie e le pene, i trionfi dei Santi, le sofferenze del Purgatorio e le prove dei mortali. Questa è la Comunione dei santi. Come gli angeli hanno relazione d'amore con le anime del Purgatorio e i santi intercedono per loro, così anche noi possiamo aiutarli alleviando le loro pene e diminuendo il tempo di separazione dal paradiso.

Se noi col suffragio preghiamo per loro, esse certamente ci rispondono pregando per noi. Non hanno la possibilità di meritare, perché per loro è finito il tempo della vita terrena, ma, come amiche di Dio hanno la possibilità di pregare, e logicamente pregano con preferenza per quelli che le beneficano. Le loro preghiere sono efficacissime, perché sono sante, e ci procurano benefici immensi, tanto per la vita spirituale che per quella corporale. Come scrive santa Teresa d'Avila: "Tutto ciò che non ho potuto ottenere dai santi, infallibilmente l'ho ottenuto sempre per intercessione delle anime sante del Purgatorio".

L'Editrice Shalom propone un testo completo che offre una dettagliata raccolta di preghiere, rosari, meditazioni e pratiche indulgenziate che diminuiscono l'intensità e abbreviano la durata delle pene del Purgatorio.

Ecco un aiuto comodo e indispensabile: le orazioni, offerte, suppliche e pratiche indulgenziate, contenute in esso, sono uno strumento sicuro per pregare per la chiesa che geme in Purgatorio alleviando le sofferenze, anticipando le meraviglie del Paradiso, ottenendo sollievo e beatitudine immensa nelle anime del Purgatorio che non tralasceranno di dimostrarci tutta la loro riconoscenza!

La gioia dell'anima nell'uscire dal Purgatorio

L'anima, dopo tante pene sopportate con amore, essendo fuori del corpo e fuori del mondo, apprezza immensamente Dio, Sommo Bene, somma santità, somma bontà, ed è accolta da Dio con infinito amore, in un abbraccio di gioia indicibile. L'anima conquista la celeste Patria, il Paradiso, per tutta l'eternità.

Nessuna mente umana può immaginare o descrivere l'esultanza di quell'ora beata, nella quale l'anima, purificata dall'espiazione, se ne vola al Paradiso, pura come quando Dio la creò, e felice di sentirsi per sempre unita al Sommo suo bene, in un oceano di felicità e di pace.

Nessun paragone terreno è sufficiente a darcene un'idea.

L'esule che ritorna in Patria dopo lunghi anni di assenza, che rivede la terra nativa e abbraccia, pieno di gioia, le persone carissime nel riacquistare la libertà e la pace; l'infermo che, risanato completamente, rivede gli ambienti della sua casa e riprende la serenità della vita attiva, non possono darci neppure una pallida idea del ritorno glorioso e festante dell'anima a Dio e dell'eterna gioia della vita che non può perdersi più. Tentiamo di farcene una pallida idea, per spingerci a vivere santamente, per accogliere le pene della vita in perfetta unione alla Divina Volontà e per aumentare i nostri meriti, usufruendo di tutte le ricchezze che Gesù ci dona nella Chiesa.

La stessa intensità delle pene del Purgatorio ci può far supporre pallidamente l'intensità della gioia di un'anima che, liberata, entra nel Paradiso, perché ogni gioia terrena è misurata dal dolore. Non si prova neppure la soddisfazione di un bicchiere di acqua fredda, se non si è assetati, la sazietà di un cibo gustoso, se non si è affamati, la gioia di un tranquillo riposo, se non si è stanchi.

L'anima, dunque, che è in perenne e tormentosa attesa della felicità, con un amore verso Dio che cresce e s'intensifica a misura che essa è purificata, giunta al termine della purificazione, all'invito amoroso di Dio, si slancia in lui, ed è tutta un canto di riconoscenza, per le medesime pene che ha subite, più che non abbia riconoscenza l'infermo risanato, per le pene inflittegli dal chirurgo.

Maria accompagna l'anima in Paradiso

Maria Santissima, come mamma di tutte le anime, le accompagna in Paradiso, e per lei, che dona all'anima la prima gioia della gloria, l'anima canta il cantico della riconoscenza: *"L'anima mia glorifica il Signore, esulta il mio spirito in lui che mi ha salvata. Egli ha volto lo sguardo sulla mia piccolezza, ed io entro nella beatitudine eterna, tra i cori dei beati, che mi chiamano beata. Mi ha fatta grande solo la potenza della divina grazia, e la sua infinita santità mi ha elevata tra i santi. La sua misericordia mi fa degna della gloria, in mezzo alle generazioni gloriose, elevate dalla sua infinita Misericordia".*

L'anima si sente santa per la Misericordia che l'ha arricchita dei meriti di Gesù, si sente vittoriosa per la potenza di Dio che, per la Croce del suo Figliolo, disperse le insidie diaboliche, annientò la potenza del maligno, e la esaltò fino al regno dei Cieli, per l'umiltà della espiazione subita nel Purgatorio.

La voce esultante dell'anima liberata dal Purgatorio si unisce al canto di Maria, perché Maria è tutta un cantico di lode e di amore a Dio. Madre del

Verbo Incarnato, dell'eterna ed infinita glorificazione di Dio, essa fu tutta quasi incandescente in quella eterna fiamma di gloria, e la sua vita fu tutta un Magnificat, dalla Incarnazione del Verbo in lei, dalla prima gioiosa manifestazione della sua novella vita di amore nella visita a santa Elisabetta, fino al lacrimoso singulto del Calvario, fino al trionfante cantico della assunzione al Cielo, dove, all'armonia eterna del Verbo, unisce la melodia del suo glorificante amore in nome di tutte le creature: *"Magnifica il Signore, anima mia"*.

Non è una pia supposizione che l'anima esca dal Purgatorio accompagnata da Maria, cantando con Maria, esultando per lei che le fu Mamma, nella Salvezza Eterna che ha raggiunta per le sue materne cure.

È una logica conseguenza della maternità universale che Gesù diede alla Madre sua morendo sul Calvario.

Se Maria è mamma dolcissima dell'anima che è introdotta nella gloria del Paradiso, per glorificare Dio in eterno, è logico che essa glorifichi Dio nella vittoria del suo misericordioso amore per quell'anima, esulti per la definitiva salvezza di lei, e le comunichi il canto della sua riconoscenza, come mamma che fa pronunziare alla sua bimba le prime parole di amore verso il padre che l'accoglie.

L'anima purificata dal Purgatorio è un fiore di

ineffabile bellezza, è tutta profumata di grazia, è tutta ricolma del sangue di Gesù, e Maria la coglie gioendo di amore: *"Magnifica il Signore, anima mia",* la coglie facendola esultare nella sua esultanza.

L'anima, come bimba innocente, vive del sorriso materno, esulta nell'abbraccio materno, si fa piccola sul suo cuore materno, gioisce beata nei palpiti materni.

Abbracciata da Maria è come ingrandita dalla sua grandezza, è ingemmata dalla sua santità, è sostenuta dalla sua misericordia, è vittoriosa per la sua fulgida vittoria che ancora una volta ha schiacciato il nemico infernale, portandola luminosa e bella a Dio che egli creò nell'infinito suo amore, redense nella infinita sua Misericordia e purificò con amorosa giustizia, che tenne conto di ogni più piccola macchia per purificarla e renderla bella.

L'artista non tormenta per vendetta la sua opera d'arte, la tormenta per rifinirla sino alla più scrupolosa perfezione, tiene conto di ogni neo che la deturpi, e giudicandolo nella luce dell'arte, lo elimina nel calore del suo amore.

Così fa Dio con l'anima, ma con infinito amore, e l'anima entrando nella gloria eterna, lo riconosce in un impeto di amorosa riconoscenza.

Con Maria Santissima che accoglie per prima l'anima purificata, c'è certamente l'Angelo Custode dell'anima stessa; ci sono gli Angeli, che sono come la corte regale della Regina del Cielo e della terra.

È, quindi, già una festa l'uscita di un'anima dal Purgatorio, ed essa già pregusta le gioie eterne, come una sposa che, vestita di bianco e coronata di fiori, si avvicina all'Altare per realizzare il suo sogno di amore.

TOTUS TUUS

"Quello che vi dico nelle tenebre ditelo nella luce, e quello che ascoltate all'orecchio predicatelo sui tetti (Mt 10,27). Il tema riprende le parole di Gesù stesso e non potrebbe essere altrimenti perché noi predichiamo Cristo soltanto (...). Oggi proclamare la fede dai tetti significa proclamare la Parola di Gesù nel mondo dinamico delle comunicazioni sociali e attraverso di esso". *Giovanni Paolo II*

In questi tempi in cui la nostra fedeltà all'unica Chiesa di Cristo è messa a dura prova, è essenziale accogliere nella nostra esperienza cristiana la sottomissione, l'obbedienza e la comunione con il Papa, vivificati dal vincolo di amore trinitario e incoraggiati e guidati da Maria. Il Papa ha rinnovato l'invito a proclamare la parola di Dio "sui tetti", cioè utilizzando i mezzi di comunicazione e le tecnologie che il mondo attuale ci offre e l'Editrice Shalom si sente chiamata in prima persona a dar corpo all'invito attraverso la pubblicazione e la diffusione di libri religiosi. In accordo con l'appello dell'allora Cardinal Ratzinger (ora Papa Benedetto XVI) a ***difendere il dono più grande che abbiamo: la fede****, anche noi accogliamo l'invito ad avere più coraggio, con tutto il rispetto per le altre culture e religioni nel difendere il grande dono che ci è dato: la vita e la fede cristiana. Una fede, sì, aperta al dialogo, che però può essere costruito solo a partire da una convinzione forte fondata sull'unica roccia: Gesù Cristo.*

Le pagine che seguono sono un piccolissimo "assaggio" del catalogo generale 2005, che contiene tutta la produzione Shalom; libri, santini, immagini e oggettistica varia, oltre a libri e prodotti di altri editori cattolici. Esso può essere ordinato e ricevuto comodamente a casa propria telefonando, inviando un fax, un e-mail o visitando il nostro sito internet ***(vedi pag. 4)******.***

Esse propongono testi ortodossi (cioè scritti in assoluta obbedienza alle leggi della Chiesa Cattolica) editi dall'Editrice SHALOM, casa editrice cattolica e mariana, che si prefigge di promuovere la preghiera tra il maggior numero possibile di lettori e di ristabilire il culto Eucaristico al centro della vita umana. Per rendere attuabile questo progetto, l'Editrice SHALOM, pur essendo una società commerciale, ha rinunciato ad ogni fine di lucro e non riconosce alcun tipo di diritto d'autore (né patrimoniale, né morale) su testi, traduzioni, foto, disegni ed illustrazioni di ogni tipo. Questa iniziativa viene sviluppata allo scopo di contribuire al trionfo del Cuore Immacolato di Maria, nella certezza di poter servire Il Regno di Dio, partecipando alla fede e all'obbedienza di Maria, Serva e Madre del Signore, affidandosi totalmente alla sua protezione insieme a quella di San Giuseppe e di San Michele Arcangelo.

Finito di stampare nel mese luglio 2005 dalla Tipografia Canale di Borgaro Torinese

"Pregate, pregate, pregate"

Codice ISBN 88-86616-00-7
Formato: cm. 12 x 19
Pagine: 480
Prezzo: € 7,00

Collana
La Madre di Dio

*Un libro di **suor Maria Gabriella Turrin dell'Annunciazione cmop.***

Propone preghiere, coroncine, consacrazioni, suppliche e novene riunite in una ricchissima raccolta divisa per argomenti dei quali citiamo:

- Padre
- Figlio
- Spirito Santo
- Beata Vergine Maria
- Santa Famiglia
- Angeli e Santi

codice 8100

"Pregate inoltre incessantemente con ogni sorta di preghiere e di suppliche nello Spirito, vigilando a questo scopo con ogni perseveranza e pregando tutti i Santi..." (Ef 6,18).

Ecco un libro adatto a tutte le età, che offre centinaia di preghiere tra novene, tridui, suppliche, preghiere di consacrazione, pie pratiche e devozioni, schemi di meditazioni del Santo Rosario, via Crucis e tantissimo altro ancora. Non si tratta di una semplice raccolta di preghiere, bensì di uno "strumento di preghiera" che si pone anche l'obiettivo di educare il cristiano che potrà trovare nel libro schede informative ed aiuti preziosi. La preghiera è un' "arma" che va adoperata per affrontare le malattie, le sofferenze, le mille difficoltà della vita e per tenere unite le famiglie. Questo libro è il frutto della risposta alla chiamata della Beata Vergine Maria che da sempre ci invita a pregare; per questo è dedicato a tutti coloro che vorranno pregare e nella preghiera trovare la pace e la gioia; è dedicato a quanti, piccoli e semplici, vorranno pregare nel segreto della stanza interiore o insieme con altri fratelli e sorelle nei gruppi di preghiera o in comunità, per dedicare un po' del proprio tempo alla preghiera affinché la preghiera diventi un incontro gioioso con Dio.

"Pregate il Santo Rosario ogni giorno, pregate insieme"

Edizione rinnovata

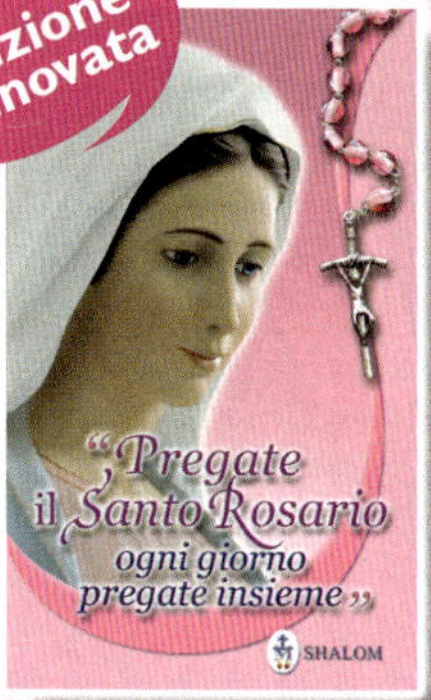

Codice ISBN 88-86616-02-3

Formato: cm. 12 x 19

Pagine: 256

Prezzo: € 4,00

Collana: La Madre di Dio

Un libro di ***Padre Slavko Barbaric ofm***

Come pregare il Santo Rosario...

- I Misteri della Gioia
- I Misteri del Dolore
- I Misteri della Gloria
- I Misteri della Luce

Espressi e commentati con ben sei meditazioni tra le quali una del **Santo Padre Giovanni Paolo II** ed una dedicata alla Divina misericordia, dal Diario di **S. Faustina Kowalska.**

- Le preghiere di ogni giorno
- Preghiere di Consacrazione
- Preghiere per la famiglia
- Verità principali della fede cristiana

codice 8102

Il Santo Padre, Giovanni Paolo II ci esorta: ***"Fate del Rosario la vostra preghiera di ogni giorno"***. Perché un libro sul Rosario diverso dagli altri? **Pregare il Rosario non sarà mai più come prima se leggerete le meditazioni proposte in questo libro!** Quando ripenserete a Maria e Giuseppe, ai momenti della vita di Gesù, alla sua dolorosissima Passione, all'incoronazione di Maria Santissima... vi torneranno in mante le scene descritte nelle meditazioni che traggono origine dal diario di santa Fausina Kowalska, la santa della Divina Misericordia, e quelle tratte dagli scritti della Venerabile Maria di Gesù d'Agreda, che vi proponiamo tra le sei per ogni mistero del Rosario. Questa edizione, completamente rinnovata, è adatta anche ai meno "esperti" poiché guida il devoto passo passo nella preghiera. Il libro è arricchito con preghiere per i vari momenti della giornata, preghiere di consacrazione, preghiere per la famiglia e tanto altro. La preghiera del Rosario è anche la preghiera per la famiglia. ***"Quanta pace verrebbe assicurata nei rapporti familiari, se si riprendesse la recita del Santo Rosario in famiglia!"***

Giovanni Paolo II

Sulla tua Parola - Messalino

Letture della Messa per vivere la Parola di Dio

Codice ISBN 88-8404-047-7
Formato: cm. 11 x 14
Pagine: 384
Prezzo: € 3,00

Collana: Il Figlio

*A cura di **fra Roberto Fusco ffb** (Fraternità Francescana di Betania)*
Ogni libretto ti accompagna per due mesi e contiene:

- Le letture della Messa
- Meditazioni per OGNI lettura
- Spunti di riflessione
- Propositi semplici per mettere in pratica la Parola di Dio

Tutte le letture del giorno raccolte, due mesi per due mesi, in un comodo libricino, economico, leggero e tascabile, da portare in borsa o in tasca quando vai alla Santa Messa, o anche semplicemente per leggere la Parola di Dio comodamente a casa propria o per strada.
Poiché la Parola di Dio non è un libro qualunque, ma è il Signore a parlare al nostro cuore, allora ci siamo posti l'obiettivo di aiutare il fedele a capire il più possibile le letture. Infatti **ogni lettura è spiegata e meditata**, per comprendere il Vangelo ma anche per capire e conoscere i "personaggi" dell'Antico e del Nuovo Testamento, il perchè delle loro azioni o delle loro parole che assai spesso risultano poco comprensibili se non si conosce il contesto in cui loro agivano o parlavano.
Ogni libricino è arricchito con:
- Consigli pratici per accostarsi a leggere la Parola di Dio, ossia per prepararsi bene all'incontro con Dio affinché le sue parole rimangano in noi.
- Consigli pratici per vivere la Parola di Dio.

Codice 8281	Gennaio - Febbraio (ISBN 88-8404-048-5)	**€ 3,00**
Codice 8282	Marzo - Aprile (ISBN 88-8404-049-3)	**€ 3,00**
Codice 8283	Maggio - Giugno (ISBN 88-8404-050-7)	**€ 3,00**
Codice 8278	Luglio - Agosto (ISBN 88-8404-038-8)	**€ 3,00**
Codice 8279	Settembre - Ottobre (ISBN 88-8404-046-9)	**€ 3,00**
Codice 8280	Novembre - Dicembre (ISBN 88-8404-047-7)	**€ 3,00**
Abbonamento annuale ai 6 numeri del Messalino		**€ 18,00**

L'imitazione di Cristo

Codice ISBN 88-86616-30-9
Formato: cm. 12 x 19
Pagine: 448
Prezzo: € 7,00

Collana:
Il Figlio

Traduzione del testo originale in latino del ***prof. Giulio Olivo****, note di* ***Padre Silvano Bracci ofm***

Il libro più letto e diffuso dopo la Bibbia. Stampato in milioni di copie. Tradotto in tutte le lingue.

codice 8123

"L'autore de 'L'Imitazione di Cristo' ebbe una grande intuizione: finalizzare tutta la vita cristiana nell'imitazione di Gesù".

Mons. Bertone

"L'Imitazione di Cristo" è un piccolo gioiello che non va letto tutto d'un fiato, ma va gustato a sorsi come l'acqua fresca in tempo di calura. Se viene letto con attenzione e devozione, e soprattutto con l'impegno a mettere in pratica quanto si è meditato, **può cambiare radicalmente la vita di una persona e favorirne il cammino interiore**. Questo libro è un "manuale" sempre attuale e adatto a chi non si accontenta di vivacchiare nella vita interiore ma vuol crescere nella conoscenza. Ciò è possibile anche grazie al linguaggio di questa opera: semplice e immediato, fatto di affermazioni brevi e non di lunghi ragionamenti. E' anche un libro che aiuta a elevarsi a Dio senza però far staccare i piedi da terra, offrendo consigli pratici, per esempio: *"Conserva anzitutto te stesso nella pace e solo allora potrai mettere la pace fra gli altri".*

Gesù confido in Te

• Le preghiere di Suor Faustina
• Il culto della Divina Misericordia

Codice ISBN 88-86616-31-7
Formato: cm. 12 x 19
Pagine: 320
Prezzo: € 5,00

Collana:
Il Figlio

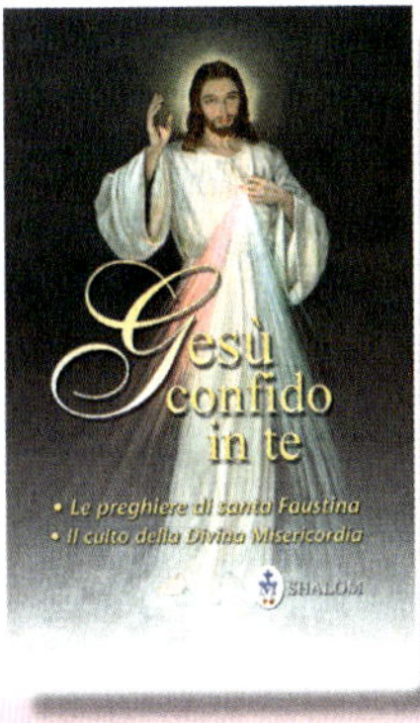

Un libro tratto dal ***diario di Santa Faustina Kowalska***

- Forme di culto della Divina Misericordia
- La Festa della Divina Misericordia
- L'immagine di Gesù misericordioso
- Novena e Coroncina alla Divina Misericordia
- L' Ora della Misericordia
- Via Crucis
- La diffusione del culto della Divina Misericordia
- Preghiere varie, Santo Rosario e Litanie
- Messa votiva della Divina Misericordia
- Messa della seconda domenica di Pasqua o della Divina Misericordia
- Memoria liturgica di Santa Faustina Kowalska

codice 8130

"Oggi voglio solennemente affidare il mondo alla Divina Misericordia. Lo faccio con il desiderio ardente che il messaggio dell'amore misericordioso di Dio, proclamato mediante santa Faustina, giunga a tutti gli abitanti della terra e ne riempia i cuori di speranza".

Giovanni Paolo II, 17 agosto 2002

Oltre a presentare il contenuto e le forme del messaggio e del culto della Divina Misericordia, il libro ha la particolarità, forse unica, di offrire le preghiere di santa Faustina permettendo a ciascuno di rivolgersi al Signore con lo stesso calore, intimità e amore con cui lei stessa, cuore innamorato di Gesù, ha dialogato con lui.

Tre minuti per Dio

Codice ISBN 88-8404-079-4
Formato: cm. 10 x 14
Pagine: 64
Prezzo: € 1,50
Collana:
Il Figlio

Le preghiere del cristiano
Preghiere del mattino,
durante il giorno
e della sera
Circostanze particolari
...Un po' più di tre minuti...
Il santo Rosario
La Via Crucis
La benedizione della famiglia
La Santa Messa
Le verità fondamentali della fede cristiana

codice 8316

Non ricordi il Padre nostro o l'Ave Maria? Non sei "pratico" della Messa? Ecco un libricino leggero e tascabile, che è un manuale di preghiera, un catechismo, un benedizionale e un messale, tutto allo stesso tempo!
La vera particolarità del libro è data dal fatto che oltre alle semplici preghiere per ogni momento della giornata e per le circostanze particolari che ognuno di noi si trova a vivere (felici come compleanni, onomastici e anniversari, alle più dure come malattie, o lutti), si può portare in tasca o in borsa anche uno schema per pregare il Santo Rosario, seguire la Santa Messa e la Via Crucis e conoscere le verità fondamentali della fede cristiana. Ideale da usare o da regalare per la benedizione delle famiglie!

La dolorosa Passione di nostro Signore Gesù Cristo

Codice ISBN 88-8404-073-2
Formato: cm. 13 x 19
Pagine: 384
Prezzo: € 7,00

Collana: Il Figlio

Secondo le visioni della ***Beata Anna Katharina Emmerick***
tradotto dall'originale da ***Vincenzo Noja***

È la PRIMA EDIZIONE INTEGRALE del testo che ha ispirato la sceneggiatura del film "La Passione di Cristo" di Mel Gibson.
Traduzione in lingua corrente italiana con l'aggiunta di passi biblici e di un vasto commentario esplicativo.

codice 8100

Chi avrà letto questo libro
non potrà più guardare un Crocifisso
senza pensare, anche solo per un istante,
a ciò che realmente ha patito il Cristo.

La Passione del Signore si snoda visivamente davanti agli occhi del lettore come in un film. I personaggi che vi appaiono, da Gesù Cristo a Maria... al cireneo, risultano vivi e realistici. La varietà di dettagli e di particolari rende la narrazione incredibilmente ricca. Nel libro si susseguono minuziose descrizioni degli ambienti, dettagliate narrazioni delle scene, dei colori, dei suoni...: tutto ciò lascia intravedere, con gli occhi della fantasia del lettore, tutti i momenti della dolorosa Passione. L'incredibile caratteristica di questo libro è che è "vero" al punto tale da riuscire persino a far giungere al lettore anche le sensazioni e i sentimenti! Nel 1823, un anno prima della sua morte, la Beata Anna Katharina Emmerick fu rapita in estasi e iniziò a raccontare al poeta Clemens Brentano la Passione di Gesù secondo le sue visioni quaresimali. Ella vide e visse quei momenti penosi, accompagnando il Redentore passo passo sulla via Dolorosa.

Trattato della vera devozione a Maria

Codice ISBN 88-86616-15-5
Formato: cm. 11 x 17
Pagine: 320
Prezzo: € 5,00

Collana: La Madre di Dio

Manoscritto originale di
San Luigi Maria Grignion de Montfort
tradotto da ***Padre Battista Cortinovis SMM***

Stampato in milioni di copie.

Tradotto in tutte le lingue.

Nessuno può seguire, amare e imitare la Madonna senza aver letto più volte questo libro.

codice 8113

"...Spesso vedo davanti ai miei occhi un piccolo libricino con la copertina celeste macchiata di soda.... Quand'ero operaio alla Solvay, lo portavo con me, insieme con un pezzo di pane, per il turno del pomeriggio e di notte. Durante il turno di mattina era più difficile poter leggere. Durante il turno pomeridiano spesso leggevo quel libretto; si intitolava: **"Trattato della vera devozione alla Santissima Vergine..."**. Lo leggevo, se così si può dire, da capo alla fine e di nuovo da capo. **Da quel libricino ho imparato cosa vuol dire la devozione alla Madonna...."** Mentre prima mi trattenevo nel timore che la devozione mariana facesse da schermo a Cristo invece di aprirgli la strada, alla luce del trattato di Grignion de Montfort compresi che accadeva in realtà ben altrimenti. Il nostro rapporto interiore con la Madre di Dio consegue organicamente dal nostro legame col mistero di Cristo".

Giovanni Paolo II

Guarigione e liberazione con il digiuno

Codice ISBN 88-8404-040-X
Formato: cm. 11 x 17
Pagine: 256
Prezzo: € 5,00

Collana: La Madre di Dio

Un libro di ***don Giuseppe Cionchi***
e ***suor Emmanuel Maillard***
che, tra gli altri argomenti, contiene:

- I frutti del digiuno
- Come vivere il digiuno
- Come spiegare il digiuno ai bambini
- Dubbi e chiarimenti
- Suggerimenti sulla preparazione del pane
- Ricette per preparare il pane
- Preghiere per il giorno del digiuno

codice 8246

Un libro per riscoprire la forza del digiuno: il digiuno "a pane e acqua", unito alla preghiera, è un'arma potente per fermare le guerre, anche quelle che combattiamo nei nostri cuori e nelle nostre famiglie (le guerre dell'odio, del giudizio, dell' amarezza) ed è un'arma potentissima anche per vincere il male. Il Digiuno crea in noi dello "spazio" che lo Spirito Santo potrà occupare, ci rende "strumenti" utili nelle mani della Madonna per cooperare al progetto di Dio. E non solo: il digiuno può anche guarire e aiutare le anime dei nostri defunti in purgatorio! Nelle famiglie cristiane si dovrebbero rinnovare la preghiera e il digiuno per preparare il cuore alla guarigione, ottenere la salute del corpo e dell'anima e per poter godere della protezione della Madonna. Questo, insieme a tanto altro, tra cui le preghiere nel giorno del digiuno, consigli pratici su come vivere il digiuno, ricette e suggerimenti per preparare il pane in casa, risposte ai dubbi più comuni, ecc..., è quanto contenuto in questo libro che vuole aiutare il lettore a trasformare l'intera giornata del digiuno in un gesto di offerta al Signore.

Il segreto di Maria

Codice ISBN 88-8404-004-3
Formato: cm. 10 x 14
Pagine: 128
Prezzo: € 3,00

Collana:
La Madre di Dio

Manoscritto originale di
San Luigi Maria Grignion de Montfort
tradotto da ***Padre Battista Cortinovis SMM***

"San Luigi Maria Grignion de Montfort non propone una teologia senza influsso nella vita concreta e nemmeno un cristianesimo per procura; senza assunzione personale degli impegni derivanti dal battesimo. Al contrario, egli invita ad una spiritualità intensamente vissuta; stimola ad un dono, liberamente e consapevolmente deciso, di sé a Cristo e, mediante lui, allo Spirito Santo e al Padre".

Giovanni Paolo II

codice 8226

"Il segreto di Maria" è un libretto piccolo ma dal contenuto ricco e particolarmente denso. Ha un fine tutto particolare: **vuole scoprire il ruolo speciale della Madre del Signore nel mistero della salvezza.** Lo stile di questo libretto, semplice e affascinante, rende la lettura scorrevole e particolarmente piacevole perchè è limpido e chiaro. Oltre al ragionamento di fondo, che consiste nell'esortazione a prendere Maria come guida sicura nel cammino verso la santità, troviamo due bellissime preghiere a Gesù e Maria, e la parabola dell'Albero di vita, simbolo della nostra vita spirituale, piantata, coltivata, protetta e fatta crescere fino a portare frutti. In appendice vi è la "Consacrazione a Gesù Cristo per mezzo di Maria" del Montfort per guidare il cristiano nel prepararsi alla consacrazione e realizzarla attraverso la preghiera.

Codice 8263	The secret of Mary *(inglese)*	**€ 3,00**
Codice 8264	Le secret de Marie *(francese)*	**€ 3,00**
Codice 8265	El secreto de Maria *(spagnolo)*	**€ 3,00**
Codice 8266	Das Geheimnis Mariens *(tedesco)*	**€ 3,00**

Il segreto meraviglioso del Santo Rosario

Codice ISBN 88-8404-045-0
Formato: cm. 11 x 17
Pagine: 256
Prezzo: € 5,00

Collana: La Madre di Dio

Manoscritto originale di
San Luigi Maria Grignion de Montfort
tradotto da ***Padre Battista Cortinovis SMM***

In appendice la ***Lettera Apostolica Rosarium Virginis Mariae.***

codice 8285

"Guardo a voi tutti, fratelli e sorelle di ogni condizione, a voi, famiglie cristiane, a voi, ammalati e anziani, a voi giovani: riprendete con fiducia tra le mani la corona del Rosario, riscoprendola alla luce della Scrittura, in armonia con la Liturgia, nel contesto della vita quotidiana. Che questo mio appello non cada inascoltato!".

Giovanni Paolo II

Per il Montfort il Rosario è uno dei più grandi segreti venuti dal Cielo per irrigare i cuori e farvi germogliare la Parola di Dio. In modo semplice e vissuto il santo spiega il valore e il significato della preghiera più bella e cara alla tradizione e al cuore del Santo Padre. Il "buon Padre di Montfort", missionario della gente comune, racconta i miracoli e le conversioni ottenute per mezzo della recita del santo Rosario. Egli commenta in modo ricco e profondo, ma con semplicità, il Padre nostro e l'Ave Maria. E infine spiega come si deve recitare il santo Rosario, insegna a superare le più comuni difficoltà e promette grandi progressi spirituali a chi sarà fedele ogni giorno a questa preghiera.

Codice 8289 The secret of the Rosary *(inglese)* **€ 5,00**

Preghiere al Cuore Immacolato di Maria

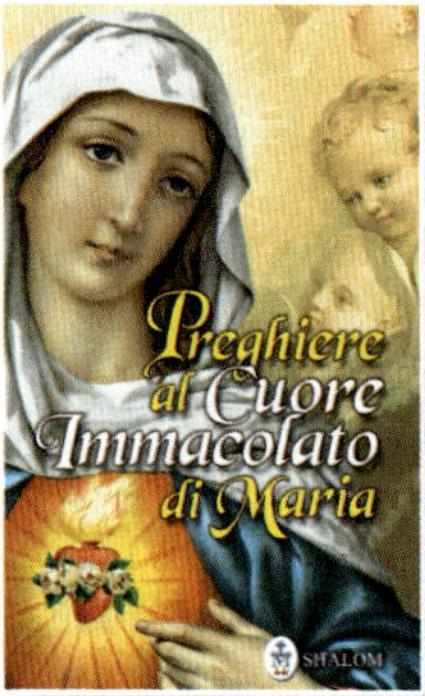

Codice ISBN 88-8404-072-8
Formato: cm. 12 x 19
Pagine: 448
Prezzo: € 7,00

Collana: La Madre di Dio

Un libro di un sacerdote della Chiesa Cattolica

- La devozione alle tre Ave Maria
- La Medaglia Miracolosa
- Preghiamo con san Giovanni Eudes e san Massimiliano Kolbe
- Le dodici stelle e il Rosario dell'Immacolata
- Atti di consacrazione
- Preghiere e canti
- Santa Messa del Cuore Immacolato di Maria

codice 8155

La presente raccolta di preghiere, illuminata dalla certezza offerta dalla Vergine a Fatima "Il mio Cuore Immacolato trionferà!", ricostruisce sinteticamente il cammino della devozione al Cuore di Maria.
In questo libro il lettore potrà ritrovare le varie devozioni al Cuore di Maria, troverà le preghiere per amare e onorare il suo Cuore Immacolato; potrà riparare alle offese che esso riceve tramite la devozione ai primi cinque sabati del mese; potrà consacrarsi con atti di consacrazione e avrà la possiblilità di servire il Cuore Immacolato di Maria, ad esempio, con la Guardia d'Onore.

Ecco la tua mamma!

Codice ISBN 88-86616-72-4
Formato: cm. 11 x 17
Pagine: 224 Cartonato
Prezzo: € 5,00

Collana:
La Madre di Dio

*Un libro di **Monsignor Angelo Comastri***
Vicario Generale del Santo Padre
per la Città del Vaticano

codice
8208

"Ecco la tua mamma!" è un libro piccolo di mole ma denso di contenuto ed ha un fine tutto particolare: **far conoscere, cercare, ascoltare Maria per imparare da lei lo stile della fede!** Questo libretto è completo, semplice e affascinante. Lo stile è limpido, chiaro e forte. Nella sua brevità, si legge tutto d'un fiato, e viene voglia di rileggerlo subito, fino quasi a impararlo a memoria.
Ascoltiamo le parole del suo autore:
"Queste semplici pagine vogliono introdurti all'ascolto del linguaggio della Mamma del Cielo e vogliono invitarti a sollevare gli occhi per incontrare lo sguardo della Mamma: quante cose ha da dirti e quante cose tu hai da imparare!".

Mons. Angelo Comastri
Vicario Generale del Santo Padre per la Città del Vaticano

Bambini, aiutate il mio cuore a vincere!

Codice ISBN 88-86616-10-4
Formato: cm. 21 x 27,5
Pagine: 56 Cartonato
Prezzo: € 7,00

Collana: La Madre di Dio

Un libro di ***suor Emmanuel Maillard***

- Fatima: una storia realmente vera!
- La preghiera con il cuore
- I piccoli sacrifici
- La consacazione al Cuore Immacolato
- **Una novena per i piccoli da leggere e da colorare!**
- Esempi di preghiere e ... di piccoli fioretti per i bambini

codice 8296

Ecco un libro interamente dedicato ai bambini per far conoscere **la storia delle apparizioni di Fatima** ed il **messaggio della Madonna**, per far capire l'importanza della preghiera e dei piccoli **sacrifici** e per insegnare alcune **preghiere**! Il tutto è realizzato con un linguaggio molto **semplice** e arricchito con **disegni e colori**. In allegato al libro vi è poi un album contenente la novena al Cuore Immacolato di Maria da colorare giorno per giorno facendo semplicissime preghiere. La preghiera dei piccoli è la preghiera più cara al cielo, quindi è anche la più ascoltata. Tante sono le testimonianze dei bambini che ci hanno scritto testimonianze commoventi. La Mamma del Cielo ha ascoltato le loro preghiere portando la pace nelle loro famiglie, facendo tornare a casa i genitori che ne erano andati via o guarendo loro e i loro fratelli. *"Con emozione e profonda gioia ho letto il libro di suor Emmanuel "Bambini aiutate il mio Cuore a vincere", e raccomando che abbia maggior diffusione possibile perchè sono convinto che la sua diffusione, soprattutto tra i bambini, contribuirà al trionfo del Cuore Immacolato di Maria."*

Cardinal Bernardino Echevarria - Arcivescovo di Gayaquil - Equador

L'imitazione di Maria

Codice ISBN 88-8404-061-2
Formato: cm. 11 x 17
Pagine: 480
Prezzo: € 7,00

Collana:
La Madre di Dio

Un libro di ***don Mariano Grosso OSB***
Prefazione di Mons. Angelo Comastri

La vera forza di questo libro sta nel fatto che l'autore colloca l' imitazione di Maria nel contesto di oggi, **spiegando come ci si dovrebbe comportare in tante situazioni della vita quotidiana, alla luce della vita e delle virtù di Maria.**

codice 8296

Il libro ha la struttura di un dialogo tra un catechista, lo scrittore appunto, ed un giovane che vive in un mondo lontano da Dio. Il giovane è desideroso di seguire Dio nella vita e interroga il saggio frate benedettino per ricevere insegnamenti da lui. Questi impartisce i suoi insegnamenti in modo semplice e immediato dando pratici consigli per la vita di ogni giorno per imitare le virtù di Maria. E' un ottimo libro anche per "animare" la recita del Rosario meditando la santità di Maria in ogni mistero contemplato.

"(...) Qual è la scuola che ci aiuta ad aprirci più efficacemente ad una conoscenza profonda e coinvolgente di Gesù? È Maria! (...) Il camminare sulle strade del Vangelo con Maria, ***conoscendola, amandola*** *ed* ***imitandola****, è, dunque, mettersi alla sua scuola. Una scuola che ci insegna a pronunciare ogni giorno il nostro "Sì" alla volontà di Dio e ad aprire il nostro cuore al progetto d'amore del Padre.(...) Questo libro aiuterà certamente i lettori a riscoprire Maria e accenderà nel loro cuore il desiderio di farsi prendere per mano da Colei, che più di tutti, conosce la strada del Vangelo".*

Angelo Comastri Vicario Generale del S. Padre per la Città del Vaticano

Preghiere con gli Angeli

Codice ISBN 88-86616-80-5
Formato: cm. 12 x 19
Pagine: 480
Prezzo: € 7,00

Collana: Gli Angeli

Un libro di un sacerdote della Chiesa Cattolica che contiene ***preghiere, tridui, novene, coroncine, rosari e molte altre devozioni*** *con cui ci si può rivolgere:*

- Ai Cori Angelici
- Agli Arcangeli
- A San Michele Arcangelo
- All'Angelo Gabriele
- All'Angelo Raffaele
- All'Angelo Custode

codice 8127

Gli angeli hanno nella nostra vita una responsabilità che non possiamo immaginare: dall'infanzia, fino all'ora della morte, la vita umana è circondata dalla loro protezione e dalla loro intercessione. **Ma chi sono gli angeli?** In tutto il loro essere sono servitori e messaggeri di Dio, e per il fatto che "vedono sempre la faccia del Padre" (Mt 18,10), sono potenti esecutori della sua parola e dei suoi comandi. Sono creature puramente spirituali, e dunque dotate di intelligenza e volontà; ma sono altresì creature personali ed immortali, che superano in perfezione tutte le creature visibili. Essi accompagnano l'uomo fin dalla creazione e lungo tutta la sua storia, annunciando la salvezza. La stessa vita del Verbo divino, dall'Incarnazione all'Ascensione, è circondata dall'adorazione e dal servizio degli angeli. Questo libro di preghiere con gli angeli è un aiuto prezioso per avvicinarci a queste creature e per imparare ad amare, invocare e rispettare questi fedeli amici degli uomini, che condurranno tutti noi alla Vita.

Angeli, demòni e Regno di Dio

Codice ISBN 88-86616-35-x
Formato: cm. 11 x 17
Pagine: 384
Prezzo: € 5,00

Collana:
Gli Angeli

Un libro di un sacerdote della Chiesa Cattolica che contiene numerosi spunti di riflessione sugli angeli e sui demoni tratti da:

- Sacra Scrittura
- Catechismo e Magistero
- Testimonianze dei Santi
- Gustosi esempi di vita vissuta

Scritto con un linguaggio semplice e piacevole, si legge bene e con la certezza che ogni parola è stata scritta nel totale rispetto dell'ortodossia cattolica e in obbedienza alla Santa Chiesa.

codice
8164

Questo libro intende aiutare tutti coloro che vogliono accostarsi al mistero affascinante degli angeli e allontanarsi dal mistero tenebroso del male, opera di satana e dei suoi diavoli, seguendo la Bibbia, il Magistero, la vita dei santi, la tradizione. *"'Vattene satana!' (Mc 4,10). L'atteggiamento deciso del Messia costituisce per noi un esempio ed un invito a seguirlo con coraggiosa determinazione. Il demonio "principe di questo mondo" (Gv 12,31) continua anche oggi la sua subdola azione. Ogni uomo, oltre che dalla propria concupiscenza e dal cattivo esempio degli altri è tentato anche dal demonio e lo è ancor più quando meno se ne avvede. Quante volte con leggerezza egli cede alle fallaci lusinghe della carne e del maligno e sperimenta, poi, amare delusioni! Occorre rimanere vigilanti per reagire con prontezza ad ogni attacco della tentazione. La Chiesa, esperta maestra di umanità e santità, ci addita strumenti antichi e sempre nuovi per il quotidiano combattimento contro le suggestioni del male: sono la* ***preghiera****, i* ***sacramenti****, la* ***penitenza****, l'****ascolto attento della Parola di Dio****, la* ***vigilanza*** *e il* ***digiuno****. (...) Per partecipare appieno alla vittoria di Cristo occorre impegnarsi a* ***cambiare****, alla luce della Parola di Dio, il proprio modo di pensare e di agire".*

Giovanni Paolo II

Le apparizioni di Fatima

Codice ISBN 88-86616-88-0
Formato: cm. 13 x 19
Pagine: 448
Prezzo: € 7,00

Collana:
Maria parla ancora

Un libro di un sacerdote della Chiesa Cattolica che contiene:

- Fatima e Giovanni Paolo II
- Storia delle apparizioni
- Il messaggio della Madonna
- I primi cinque sabati del mese
- Le preghiere di Fatima
- La Consacrazione al Cuore Immacolato di Maria

codice 8204

"Con la pubblicazione della terza parte del segreto e la beatificazione dei pastorelli Francesco e Giacinta, il messaggio di Fatima appare in tutta la sua straordinaria bellezza e grandezza. È un messaggio di santità, che sollecita i singoli e l'intera Chiesa. È un messaggio di speranza, che indica, all'orizzonte di un periodo storico tempestoso, l'avvento del trionfo del Cuore Immacolato di Maria e di un tempo di pace per l'umanità. Ciò che caratterizza questo libro è innanzi tutto la completezza. Leggendolo si dispiega davanti agli occhi il meraviglioso piano di misericordia di Maria a partire da quel 13 Maggio 1917 fino ai nostri giorni. Gli avvenimenti di Fatima sono letti con gli occhi della Chiesa, in particolare del protagonista del segreto, che è Giovanni Paolo II. Fatima è anche una fonte inesauribile di spiritualità e il merito di queste pagine è quello di mostrare il valore permanente degli insegnamenti della Madonna nel cammino verso la santità. Maria è la Madre che prende tutti per mano e che conduce con infinita pazienza tutti i suoi piccoli figli sulla via della salvezza."

Padre Livio Fanzaga, Direttore di Radio Maria

Le apparizioni della Madonna in Africa: Kibeho

Codice ISBN 88-8404-012-4
Formato: cm. 13 x 19
Pagine: 416
Prezzo: € 7,00

Collana:
Maria parla ancora

*Un libro di **Padre Gianni Sgreva CP.***
Presentazione di René Laurentin e Padre Livio Fanzaga

SECONDA EDIZIONE

- Un dono per la Chiesa, l'Africa e il mondo
- I veggenti e gli avvenimenti
- Storia delle apparizioni
- Il messaggio

Il primo libro ufficiale dopo il riconoscimento dell'autenticità delle apparizioni di Kibeho. Il 31 Maggio 2003 il santuario della Nostra Signora del Dolore è stato inaugurato e benedetto dal Card. Crescenzio Sepe.

codice 8271

"Le apparizioni della Madonna nella località di Kibeho (Rwanda) sono iniziate il 28 Novembre 1981 e sono andate avanti per diversi anni. Tuttavia fin dall'inizio l'eco dell'evento è andato oltre i confini del paese africano giungendo anche in Italia. Una particolare attenzione al messaggio della Madonna a Kibeho è stata prestata dopo gli eccidi degli anni 1994/95, quando circa un milione di persone sono state uccise in una guerra fratricida esplosa con un furore e una carica di odio agghiaccianti. Allora si comprese come ancora una volta l'intervento di Maria avveniva nel contesto di situazioni storiche ben precise, dove era necessario far risuonare il messaggio evangelico della preghiera, della conversione e della pace.
La Madre di Dio per i mali del mondo propone anche a Kibeho l'unica medicina possibile, che ben conosciamo dopo La Salette, Lourdes e Fatima. È la medicina della conversione, della preghiera e della sofferenza salvifica."

Padre Livio Fanzaga, Direttore di Radio Maria

Preghiere di San Francesco e Santa Chiara

Codice ISBN 88-8404-084-8
Formato: cm. 12 x 19
Pagine: 512
Prezzo: € 7,00
Collana: I Santi

Un libro di ***suor Chiara Augusta Lainati osc, suor Chiara Carla Cabras osc, Padre Bruno Giannini***

Prefazione di ***Mons. Angelo Comastri***

- Preghiere di s. Francesco
- Preghiere ispirate agli scritti di s. Chiara
- Ascoltiamo s. Francesco e s. Chiara
- Come pregavano s. Francesco e s. Chiara
- Novene e Tridui
- Diversi schemi per la meditazione della Corona Francescana
- Diverse meditazioni per la Via Crucis
- Rosario con s. Chiara

codice 8173

Dalla Prefazione:

Questa raccolta di preghiere è certamente un'opera preziosa che ci fa entrare nel cuore dei due santi di Assisi. Le loro preghiere sono come delle icone: cioè delle finestre che ci aprono sull'infinito amore di Dio; sono degli spazi nei quali possiamo scoprire le meraviglie che il Signore sa compiere nella vita di coloro che si lasciano guidare e amare da lui.

Il dialogo con Dio e il silenzio sono la terra buona dalla quale fiorisce l'ascolto della Sua parola: lì sboccia l'amore che rende bella la vita, che la rande trasparenza di Dio come lo fu la vita di s. Francesco e s. Chiara.

† ANGELO COMASTRI
VICARIO DEL SANTO PADRE PER LA CITTÁ DEL VATICANO
PRESIDENTE DELLA FABBRICA DI S. PIETRO
COADIUTORE DELLA BASILICA DI S. PIETRO

Preghiere a Sant'Antonio di Padova

Codice ISBN 88-86616-69-4
Formato: cm. 12 x 19
Pagine: 320
Prezzo: € 5,00

Collana:
I Santi

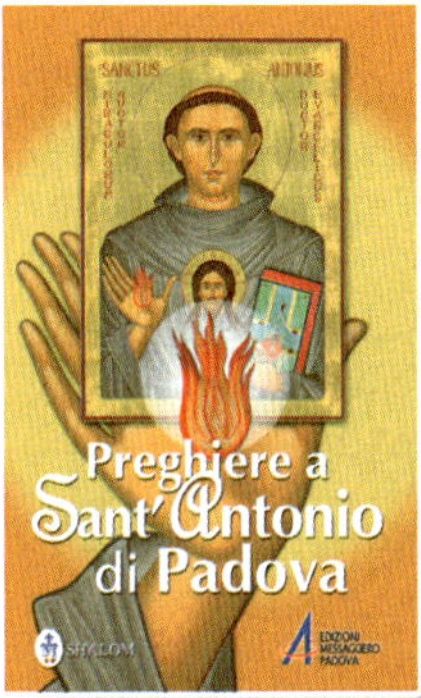

Un libro di ***Padre Giordano Tollardo ofm Conv.***

IL SANTO DEI MIRACOLI
Preghiere, Canti, Coroncina, Litanie, Tredicine, Novene, Celebrazione antoniana.

LA LINGUA DI DIO
Novena alla Santissima Trinità, Via Crucis, Corona antoniana, Santo Rosario meditato, Il sacramento del perdono.

IL DOTTORE EVANGELICO
Santa Messa, Liturgia delle Ore.

LA VITA IN PILLOLE
Breve cronologia.

codice 8168

In questo libro, interamente dedicato a sant'Antonio, la fede, la spiritualità, l'insegnamento del Santo, il suo zelo per la conversione delle anime vi sono profusi abbondantemente. Le sue parole aiutano ad elevarsi, spronano, incoraggiano e sostengono nella pratica della vita cristiana, nell'arduo cammino verso la santità. Questo libro viene incontro alla vasta devozione popolare con grande abbondanza di preghiere per ogni necessità spirituale e materiale, per ogni circostanza della vita, per i parenti, per gli amici, per i benefattori: tutte preghiere piene di sentimento e di fiducia nella sua intercessione. Ma vuole soprattutto mettere in risalto il grande maestro di vita spirituale. Infatti in sant'Antonio sono presenti "due personaggi", autonomi e indipendenti l'uno dall'altro. Il primo, noto da sempre: quello della tradizionale pietà popolare, l'operatore di miracoli, il potente intercessore presso Dio, che fa ritrovare le cose perdute, sempre pronto a soccorrere i suoi devoti, il Santo per antonomasia. Il secondo, ignoto ai più: quello della storia, il più illustre figlio di san Francesco d'Assisi, acclamato docente di teologia, autore dei Sermoni, instancabile predicatore, rianimatore della Chiesa in Italia e in Francia, proclamato da papa Pio XII "Dottore Evangelico", soprattutto grande maestro di vita spirituale.

Codice 8329	Tredicina a Sant'Antonio (10x14 - 64 pag.)	**€ 1,50**

San Gerardo il Fraticello che giocava con Dio

Codice ISBN 88-8404-089-3
Formato: cm. 11 x 17
Pagine: 384
Prezzo: € 5,00

Collana:
I Santi

Un libro di padre ***Luciano Panella C.Ss.R.***

codice 8328

San Gerardo nasce a Muro Lucano il 6 aprile 1726. A 23 anni a seguito di una missione predicata dai missionari Redentoristi, lascia la sua famiglia per dedicarsi alla vita spirituale. È messaggero, umile e paziente, di pace, di perdono e di amore nelle zone della Puglia, Basilicata e Campania: ovunque lo accompagnano prodigi, conversioni e guarigioni. Gli umili ed i poveri lo riconoscono come il loro Santo fin dalla sua morte, avvenuta nella comunità dei Missionari Redentoristi di Materdomini il 16 ottobre 1775. Proclamato Santo da Papa Pio X l'11 dicembre 1904, è venerato come particolare patrono delle mamme e dei bambini.

Pio XII
è veramente un santo!

Codice ISBN 88-8404-075-6
Formato: cm. 11 x 17
Pagine: 384
Prezzo: € 5,00

Collana:
I Santi

Un libro di ***don Giuseppe Cionchi,***
presentazione di suor Margherita Marchione M.P.F.

codice 8298

"Quasi universalmente durante il suo papato, Pio XII fu definito un uomo santo, un uomo di pace, una torre di fortezza, un amorevole difensore e protettore di tutte le vittime della guerra genocida che ha invaso di sangue l'Europa. La diffamazione contro Pio XII comincia negli anni '60...".

Suor Margherita Marchione

Pio XII va giudicato da quello che ha fatto. Vanno sentiti i suoi contemporanei che hanno vissuto il terrore della guerra, e bisogna leggere quello che hanno scritto i posteri. Le testimonianze abbondano in questo libro semplice e chiaro che vuole riaffermare la santità di uno dei papi più contestati della storia del Cristianesimo. Nella notte più buia della calunnia e della diffamazione è solo una piccola fiammella... Ma senza questa il buio sarebbe più pesto!

Preghiere per le Anime dei nostri defunti in Purgatorio

Codice ISBN 88-86616-57-0
Formato: cm. 12 x 19
Pagine: 512
Prezzo: € 7,00

Collana: Le anime del Purgatorio

Un libro a cura di un sacerdote della Chiesa Cattolica che offre una vasta raccolta di:

- Preghiere
- Rosari e Coroncine
- Suppliche
- Offerte
- Novene e Meditazioni
- Ufficio dei defunti
- Pratiche indulgenziate

Esse diminuiscono l'intensità e abbreviano la durata delle pene delle anime purganti.

codice 8147

Se amiamo veramente i nostri cari che non sono più tra noi, il più grande regalo che possiamo donare è cercare di liberare le loro anime dalle pene del purgatorio: le loro Anime care sono lontane dai nostri occhi, ma non lo sono certo dai nostri cuori! L'offerta della Santa Messa e dell'Eucaristia, la recita del Santo Rosario e ogni preghiera per loro, dona ad esse sollievo e avvicina il momento della liberazione definitiva.
Le Anime dei nostri cari desiderano ardentemente e solamente la completa purificazione e la visione del Regno dei Cieli, rivedere il volto di Gesù Cristo; le Anime che si trovano in purgatorio non possono però ridurre le proprie sofferenze da sole perché la loro prova terrena è ormai conclusa.
Solo noi possiamo aiutarle e questo libro è un mezzo per farlo! Esse, dal canto loro, possono aiutarci e ricompensarci ottenendoci grazie indicibili!

Corona di Cento Requiem in suffragio dei defunti

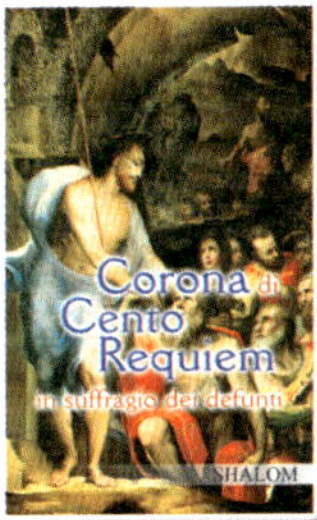

Codice ISBN 88-86616-61-9
Formato: cm. 10 x 14
Pagine: 32
Prezzo: € 1,50

Collana:
Le anime del Purgatorio

La devozione contenuta in questo libro si recita servendosi di un Rosario speciale:

"Rosario Corona di Cento Requiem"
cod. 4434

codice 8181

Coroncina per le anime dei sacerdoti che soffrono in Purgatorio

Codice ISBN 88-86616-47-3
Formato: cm. 10 x 14
Pagine: 32
Prezzo: € 1,50

Collana:
Le anime del Purgatorio

Pratica efficacissima che porta sollievo immediato ai sacerdoti che sono in purgatorio, ottiene per chi prega grazie particolari, converte i peccatori e strappa dalla tiepidezza i cristiani pigri...

La devozione contenuta in questo libro si recita servendosi di un Rosario speciale: **"Rosario Coroncina Sacerdoti" cod. 4437**

codice 8195